U0919137

笔墨清朝

大清才子图鉴

林河图◎著

BIMO
QINGCHAO
DAQING CAIZI TUJIAN

廣東旅游出版社
GUANGDONG TRAVEL & TOURISM PRESS
悦读书·悦旅行·悦享人生
中国·广州

图书在版编目（CIP）数据

笔墨清朝：大清才子图鉴 / 林河图著. —广州：广东旅游出版社，2019. 12

ISBN 978-7-5570-1982-2

Ⅰ. ①笔… Ⅱ. ①林… Ⅲ. ①文人—生平事迹—中国—清代—图集 Ⅳ. ① K825. 4-64

中国版本图书馆 CIP 数据核字（2019）第 168076 号

出 版 人：刘志松
责任编辑：官 顺 于子涵

笔墨清朝：大清才子图鉴
BIMO QINGCHAO：DAQING CAIZI TUJIAN

广东旅游出版社出版发行
地址：广州市越秀区环市东路 338 号银政大厦西楼 12 层
邮编：510060
电话：020-87347732
印刷：天津文林印务有限公司
（地址：天津市宝坻区新开口镇产业功能区天通路南侧 21 号）
开本：880 毫米 ×1230 毫米 1/32
字数：198 千字
印张：10
版次：2019 年 12 月第 1 版
印次：2019 年 12 月第 1 次印刷
定价：45. 00 元

自序

preface

穿越在“别处”

清代是言情小说作者最喜欢“穿越”的朝代之一，清代也是如今电视剧最爱表现的朝代之一，无论是戏说剧还是历史剧，“清穿”在穿越剧中占据的比例较高。

穿越，也许是我们现代人追求“生活在别处”的体现之一。清代，给我们提供一个被影视剧影响的“别处”，也因为时间的距离产生了“别处”。清代，相对于工业化的现在，依旧是古代，还有“古风”，还有唐诗宋词中的杏花春雨、草长莺飞和巴山夜雨。清代，却又不那么远，距今三四百年而已，我们可以看到的关于清代的回忆史料较多，文人诗集和笔记都没有散佚失传，似乎还可以透过这些看到较为真实却也遥远的清代。

在本书中出现的各位才子，都生活在清代，他们留下了诗文集。非官方的史料和口口相传的外史、笔记传闻都记载了可能发生在这些才子身上的故事。我写这本书，是告诉大家三四百年来那些个鲜活的生命，同时借助我对史料的梳理，去还原他们的生活原貌和人生经历。

在写作的方法方面，我看完《一个村庄里的中国》后，也打算用熊培云老师的“三通主义”法。一是时间上打通，把人物放置在大时代的背景上写。本书在时间上，从人物上看，他们的活跃时间从清初跨度到清末。但是深究起来，最早出生的钱谦益出生在明朝，而晚清的易顺鼎虽出生在晚清，却也活在北洋政府和民国时期。整体看来，时间跨度从明朝开始，中间掺杂大顺政权和南明小朝廷“城头变幻大王旗”的乱世，再到清朝康乾盛世的和平，又到太平天国运动兴起，最后走向民国。算来无论是平民百姓，还是达官贵人，都无奈地被裹挟在时代中。我试图用打通时间的方法，借着才子们的人生故事和诗文，窥视大时代里小个体的悲欢离合。二是当代和古代打通。毕竟我们生活在二十一世纪，无论是作为作者还是作为读者，很容易带入现代的思维。这也决定了在夹叙夹议的感慨中，难免多一些现代观念和当下感受。这是站在如今，“隔岸观火”般凝视当初才子们的一种“图鉴”。三是希望实现理性和感性的打通。这要求我在写作上做到两点：一方面是在材料上备足，另一方面是希望读者在本书中看到的，不只是教科书般的才子生平叙述和他们的诗词鉴赏，还有一种关乎感性的心灵的东西。

在写作的过程中，我也对这些才子们有了进一步的了解。就算是学院派的中文系学生，很多时候也只是在一些文选中看到某位才子的某篇最具光彩的代表作。很多人对才子的了解，也来自老师对他们作品的解读。真的到下笔写作时，则要像打算和才子谈恋爱一样，把有关他们的年谱一一翻看，把他们包括书信和生活笔记等各种琐碎细节的个人全集都翻看，把才子们的其他并不光彩照人的普通作品都看遍，每一个都看，那就是一种类似要与他们恋爱的感觉，在恋爱前，要去了解对方，了解对方的一切。当然，这也像一个记者写人物稿的前期准备，所以，到下笔时，我也自然选择了有些类似述评、类似人物稿的写法，当然只是类似人物新闻稿而已。就像真金难以保证百分百，我也不能完全做到新闻稿件百分之百真实，并保证完全非虚构。毕竟我也难以保证清代的笔记书信里的文字就是完全真实的，只能尽量做到还原。当然为保证阅读的流畅，也没有做到像学术论文那样把引用标注等都标上。我这不同于很多教授学者“百家讲坛”式的社科讲座，也不同于一些作者优美的散文诗法。若捧着书的人可以翻着翻着，就像翻报刊或公众号人物稿一样，觉得有种穿越的“爽”，或者因此喜欢上才子们的诗词，那将是我写本书的最大希望。

写每一个才子的时候，也是我的穿越或“隔岸观火”时间。看他们在大时代面前的无奈，看他们壮志难酬的无力感，也许也像我们自己在这个时代难以实现理想的无力感，只是我们在职场还是其他方面的追求更为细微和渺小。当然，也看到我们相对于他们的幸运，感谢科技的发展把我们带到平民百姓的生活水平比清代王公贵族都优越的时代，我们可以在手机和平板上看“清穿”小说、看清代电视剧放松。也感谢这些清代的才子们用他们的笔写出的诗词世界，这个世界是一个可以供我们有所想象的“别处”。

目录

contents

第三辑

钱谦益：无法归类的人

第四辑

朱彝尊：暗恋小姨子，成就清词新天地

第五辑

纳兰性德：翩翩浊世佳公子

第六辑

李渔：中产阶级趣味祖师爷的矛盾人生

第七辑

袁枚：美食与女子最不可辜负

第八辑

沈德潜：天子好友的生前身后事

第九辑

孙原湘：我的妻子，是我的知己，亦是我的情人

第十辑

易顺鼎：巨变时代，哭泣的才子

第十一辑

蒋春霖：落拓一生却是战乱年代记录者

第十二辑

龚自珍：被优秀女人包围的一生

第一辑

吴梅村：『凤凰男』和秦淮八艳从欲到情的情路历程

和平让“凤凰男”对情欲寸步难行，

战争却叫他在流离失所中心灵相依共鸣。

一个千古尴尬人，只在爱人墓前徘徊时得到怜惜。

乱世前：家道中落的少年、皇榜高中的“凤凰男”

吴梅村是何许人也？他叫吴伟业，号梅村，江苏太仓人，是明末清初著名的文学家。他和钱谦益、龚鼎孳并称为“江左三大家”。后来因为这“三大家”都降清，又被列入“江浙五不肖”。他也算是个千古尴尬人。

相对于仕途腰斩，他在诗词世界里，独自开创了一个门派——“梅村体”，感怀身世，反映现实，以七言歌行为他的代表作。他的歌行作品都是用诗歌写历史，包孕着时代巨变中的人世沧桑和血泪印痕，影响力巨大。

吴梅村最有历史穿透力的作品是《清凉山赞佛诗》。本诗隐喻董鄂妃去世后顺治皇帝因过度伤心而看破红尘、“西行”到清凉山，暗示顺治皇帝并没有死，只是出家去了。后来，正史记载都敌不过这诗中的传说，也许是人们愿意选择这样的结局。金庸在《鹿鼎记》里也延续了这个传说。

他名扬天下的诗句是《圆圆曲》中“恸哭六军俱缟素，冲冠一怒为红颜”。就算没有受过高等教育，也知道这句话说的是吴三桂和陈圆圆那段情事，传说吴三桂曾经千金求删稿而遭拒。在这一首史诗中，吴三桂被吴梅村深深嘲讽了。看这句名句，上一句说六军，下一句说红颜，这两句话深深透露出在吴梅村眼里为一个女人如此意气用事的吴三桂是可笑的，要是我吴梅村，绝不会像吴三桂这样。

从生平和对待感情的观念看，吴梅村就是电影《致我们终将逝去的青春》里陈孝正这种“凤凰男”，家道中落，又不乏母亲期待。陈孝正说他那向上爬的人生，好比大楼，容不得一厘米误差。所以电影里的陈孝正一定要和女主角郑微分手，因为郑微就是阻挡他出国深造迎娶白富美的“一厘米”误差。同理，吴梅村虽然比陈孝正正派很多、有才很多，可是他的人生中容不得“美人”的一厘米误差。

从吴梅村的感情和成长故事看，他实在有些容不得一厘米误差，努力学习，修身齐家，希望成为主流社会跨越阶层的“凤凰男”。如果“凤凰男”一词不算贬义词，只是中性词的话，那用这个词形容吴梅村，恰到好处。

他家道中落，自我奋斗，也曾得意。

家道中落分为两种，一种像吴梅村，一种像曹雪芹。

《红楼梦》作者曹雪芹是活过了青春期才家道中落的，他见识过从繁华到衰落的悲凉，可身上还有那种富贵公子的“华贵”，也曾有那种“没有受过欺负”的脸。这种富贵过的公子，才可以创作出“红楼梦”，才能描绘大观园富贵生活的细节，塑造出“贾宝玉”这种不热衷经世致用的公子。吴梅村则不大可能成为《红楼梦》作者。毕竟，没有富贵过的书生写富贵生活，常常有一种“皇帝挑的是金扁担”的违和感；对于热衷明朝仕途，又带着“不得已”的心情加入清朝的人来说，经世致用才应该是人生主旋律。

吴梅村祖上也曾为高官，但到他出生时家道早已中落，父母将希望都寄托在他身上。待到读书年纪，父母花掉大部分家底，帮他遍寻名师。想象一下，体弱的吴梅村在这种期待中长大，不会与家道中落的贾宝玉感同身受吧。类似你身边有个人还没出生，爷爷的公司就倒闭了，爹妈每月收入几千块，却报最贵的补习班。他娘对他苦口婆心：孩子啊，以前爷爷是清华毕业的技术人才，住汤臣一品的；爹妈花再多钱也要送你去最好的补习班学奥数；孩子，要争气啊，清华毕业后内环线买学区房啊。

吴梅村天赋异秉，皇榜高中，当朝榜眼，差不多以当今某区高考状元的身份考入清华。批卷人还是明朝崇祯皇帝，据说当天崇祯皇帝担心有舞弊行为，亲自御览。崇祯皇帝看了吴梅村的卷子后，提笔批了八个字“正大博雅，足式诡靡”，钦定吴梅村为榜眼。

他成功了，在艰辛求学后，成为主流观念认可的人生赢家。

凤凰男怎么会因为一点“欲”就娶名妓

发达以后的吴梅村，好比陈孝正学会吸烟，也开始跟着其他人狎妓。抛开今天文化观念，他这不算过分，不过是和现代男人酒桌上带几瓶酒，或者请几个年轻姑娘类似。那时候青楼女子会在酒桌上表演才艺或者进行文学创作，都是酒席上的暖场罢了。

清军入关以后，不知道吴梅村将会如何想起，在清军未入关的明朝崇祯十五年，也就是 1642 年的某一天，与卞玉京的相遇。二人的相遇算是晚明才子佳人的典型情境。江南水乡，暖风吹得才子醉。在一次风流雅聚的文人聚会上，文士名伎围坐，推杯问盏，酒杯见酒杯，吴梅村遇见了玉京及其姐妹。

卞玉京，秦淮八艳之一，本名卞赛，后因自号“玉京道人”，所以人称玉京。卞玉京出生于秦淮官宦之家，因父早亡沦落为歌伎。玉京诗琴书画无所不能，通文史，擅小楷，画兰更是一绝，落笔如行云流水，“一落笔尽十余纸”。

据说卞玉京本来是不擅应酬的，遇到吴梅村她才敞开心扉，口吐莲花，歌唱中如云朵飘过一般吐出一个个汉字，真是令人倾倒。据说她对初次见面的吴梅村一见倾心，吴梅村也为玉京的脱俗气质所打动，饭桌上相谈甚欢，饭桌过后更是暧昧不已。

有一天，酒桌又遇，酒酣时候，卞玉京借酒力壮胆，带着暧昧含蓄意味问吴梅村:“亦有意乎？”

但吴梅村这种世俗的精致男人，佯装不解。卞玉京也是高情商的人，也许她也知道自己身份卑微，她凝视了吴梅村良久，然后长叹一声，再不提这个话题。

长叹凝睇，后亦竟弗复言。

吴梅村不敢答应卞玉京，据说有三个原因。一是他听说崇祯皇帝的宠妃田氏的父亲田畹来南京为皇上选妃，已相中卞玉京与陈圆圆等人。作为臣子，他怎么可以争皇帝的女人。其实对于吴梅村来说，更可信的另一个理由应该是，他可不想有一厘米误差，按当时的规矩，官员不得在就任地娶姬妾。当然还有第三个非常符合他拒绝一厘米误差的理由：崇祯皇帝曾赐假，让其回乡成婚，他不想为一个风尘女子而破坏了光荣的“赐婚”。

以上三个理由，都是一个努力学习走正路求功名、精致的利国利民主义者不可能和秦淮名伎在一起的理由。

其实就算没有以上原因，吴梅村拒绝卞玉京也属正常。说到底，一个不折不扣的“凤凰男”，通过奋斗，一步步爬进了上流社会，他怎么会舍得放弃付出诸多努力赢来的好日子。文人狎妓正常，可是说到娶名伎回家，在当时会受到很多阻力。陈子龙因为受不了乡里非议和家中阻挠，退婚柳如是。钱谦益迎娶柳如是之时，还被乡民砸过屋。类比一下《钢铁是怎样炼成的》，再看看吴梅村：作为一个艰苦奋斗的保尔·柯察金，放弃初恋冬妮娅都不稀奇；那吴梅村作为一个浓眉大眼的好青年，一个皇帝眼里的好臣子，一个同僚眼里的好官员、好同事，一个父母眼里的好儿子，是不会因名伎付出就同意的。因为这种"凤凰男"常常需要顾全大局，顾社会声望、顾三观正确。基于这个出发点，他说的话、做的事，太容易理解。何况，"凤凰男"的经济实力，真的不如世家官宦子弟如钱谦益、冒辟疆、龚鼎孳，毕竟世家子弟更可以负担娶名伎的赎金。总之，吴梅村拒绝卞玉京，主要是因为他"生平规言矩行，尺寸无所逾越"的性情使然。他的"凤凰男"性情叫他一直都较谨慎，缺乏大气，这在不久以后的国变中同样有所表现。

所以，卞玉京这个温情款款的名伎，终究不过是吴梅村生命中一段风雅的偶遇罢了。对于她的美好和情意，他既不拒绝，也从没打算真心付出。

所以，在明崇祯十七年（1644 年）甲申之变时，也就是中国影视作品中常设定的标志性事件——"清军入关"的前两年，吴梅村笔下多首有关卞氏的词作，只是记录了二人的香艳生活，这些词属于艳词，香艳得不像平时吴梅村那正派主流的一面。也许只有想到卞玉京，他才释放了生命里难得的欲。

《西江月·春思》：娇眼斜回帐底，酥胸紧贴灯前。匆匆归去五更天，小胆怯谁瞧见？臂枕余香犹腻，口脂微印方鲜。云踪雨迹故依然，掉下一床花片。

《西江月·咏别》：乌鹊桥头夜话，樱桃花下春愁。廉纤细雨绿杨舟，画阁玉人垂手。红袖盈盈粉泪，青山剪剪明眸。今宵好梦倩谁收，一枕别时残酒。

《醉春风·春思》(其一)：门外青骢骑，山外斜阳树。萧郎何事苦思归，去。去。去。燕子无情，落花多恨，一天憔悴。私语牵衣泪，醉眼偎人觑。今宵微雨怯春愁，住。住。住。笑整鸾衾，重添香兽，别离还未。

《醉春风·春思》(其二)：眼底桃花媚，罗袜钩人处。四肢红玉软无言，醉。醉。醉。小阁回廊，玉壶茶暖，水沈香细。重整兰膏腻，偷解罗襦系。知心侍女下帘钩，睡。睡。睡。皓腕频移，云鬟低拥，羞眸斜睇。

用现在的话来说，这几首词很“污”；用文学一点的话说，就是这些词很艳，“艳”毕竟比“污”多了好几分优雅和美感。

这四首词中器物精致，如“鸾衾”“香兽”“玉壶”“帘钩”。鸾衾是绣有鸾凤花饰的衾被。香兽指的是兽形的香炉，南唐李后主李煜曾写“红日已高三丈透，金炉次第添香兽”。玉壶可以指酒瓶，就是美玉制成的壶，也可以指明月。无论是喝酒后微微红润的脸，还是月光下的美人脸，都摄人心魄。帘钩更是香艳物，那种布帘的钩，到底有没有钩了帘子，钩住帘子，这样子可以看到床帐内的美人；没有钩帘子，那么看不见的小空间里，又是如何？若有若无，引发遐想。加上精巧的闺范“画阁”“回廊”“帐底”“灯前”烘托，从而铺陈出一派红香暖玉的纯粹女性空间。

除了静态陈设，不乏动态，如“玉人垂手”“红袖盈盈粉泪，青山剪剪明眸”“娇眼斜回”“酥胸紧贴”“臂枕余香犹腻，口脂微印方鲜”“眼底桃花媚，罗袜钩人处”“四肢红玉”“皓腕频移，云鬟低拥”。在眉目传情中，“笑整鸾衾”“重整兰膏腻，偷解罗襦系”，还有一些“小胆怯”，如“醉眼畏人觑”“羞眸斜睇”。

吴梅村词里的这种欲，却不足以让他迎娶玉京。对于三观正派的人来说，也许只有在乱世这种旧秩序全面坍塌、新秩序有所不容的情况下，才能偎依着真情，承认人性不完美后的真情。

乱世之后：流离失所，再见是情，是怜惜

明朝灭亡后，他想自缢殉国，可是因担心家人无人照料而放弃。

清廷征召他去做官。朋友王翰鼓动他做和尚、做遗民不做贰臣。吴梅村怕牵连家眷没有答应王翰。

做清廷官员，那是背叛明朝皇帝崇祯的知遇之恩，背叛当年主流人生赢家的信念。在忠君报国的年代，站在明末而非今人角度，去非汉人统治的朝廷做官，是对过去信念的违背。可是他不能不顾及辛苦抚养他的老父母，他希望给家人安稳的人生。忠孝难以两全，他左右为难，最后还是“不情愿”地做了清朝的官。这成为他一生最为痛悔之事。其实也怪他不得，少年时被父母寄予厚望，青年时深受皇恩，一个这样的人，有的只是难以顾全大局的无奈。

江山都改了，他前朝官员人生赢家的设定早已经没有意义，

还因为归附了清廷，连忠臣这种人设也没有做到底。这时候他才想起，当年自己对玉京也是有爱的吧！清顺治七年（1650 年），吴梅村在常熟钱谦益家得知卞玉京也在附近，这时候的吴梅村特别想见卞玉京，同为“贰臣”的钱谦益和秦淮八艳之一柳如是也想撮合吴梅村与卞玉京。

可惜，卞玉京来了，却没有理会吴梅村，径直走到柳如是的闺房。也许，她真的被这种不拒绝不付出的男人伤透了心。在清兵南下，一个弱女子最需要人保护的时候，吴梅村只守在自己家眷身旁。卞玉京有充足的理由不再见吴梅村，吴梅村也如当初的卞玉京一样，被拒绝后不敢再见卞玉京。

此时，吴梅村写下《琴河感旧》四首诗，怀念这个女子，也期待这一次可以和这个女子再续前缘。

余本恨人，伤心往事。江头燕子，都非旧垒；山上蘼芜，故人安在？久绝铅华之梦，况当摇落之辰？相遇则惟看杨柳，我亦何堪；为别已屡见樱桃，君还未嫁。听琵琶而不响，隔团扇以犹怜，能无杜秋之感、江州之泣也！（《琴河感旧四首序》）

“余本恨人，伤心往事。江头燕子，都非旧垒；山上蘼芜，故人安在？”这寥寥数语是四首诗之旨。那时候卞玉京“已托病痁，迁延不出”，不想见吴梅村，可是，吴梅村理解的决绝里，也许是“近乡情更怯”，比迫不及待相见有更深的情。江头的燕子，不在的旧窝，山上蘼芜开着，曾经的卞玉京姑娘，是否还在？

《琴河感旧四首序》也倾诉着一个经历战乱流离的人希望旧爱能够接纳自己："相遇则惟看杨柳，我亦何堪；为别已屡见樱桃，君还未嫁。"当初相遇，只能看着那带有离别含义的杨柳枝，四目相看泪眼，却只有折柳作别，"我"又能怎么办呢？如今，经历战乱，再也无须在乎别人的期待，再也不用循规蹈矩地活着了，经历了战乱的颠沛流离，诚知生命可贵。当初，"樱桃花下春愁"，如今，樱桃都结果了，玉京你还未嫁，那么，"我"吴梅村是否还有机会和你再续前缘呢？

秦淮八艳的故事中，柳如是最后晚景凄清收场，纵然和钱谦益也曾经拥有过姻缘。顾横波更是从良得所，龚鼎孳最后把夫人的尊荣给了她。吴卞这一对，却是说不尽的幽怨和诉不尽的愁怀。也许，因为没能在一起的忧愁与怨恨，才叫吴梅村写了许多比李商隐明朗得多的《无题》诗。《琴河感旧》便是其中四首组诗，其中第三首最为动人。

《琴河感旧》（其三）

休将消息恨层城，犹有罗敷未嫁情。车过卷帘劳怅望，梦来携袖费逢迎。

青山憔悴卿怜我，红粉飘零我忆卿。记得横塘秋夜好，玉钗恩重是前生。

"车过卷帘劳怅望"，驱车而过，只是看着你，却不敢上前，远远看着你，徒劳也愿意。卷帘一次次落下，惆怅枉然，千言万语说不出。只有在梦里，才能和你携手吗？“青山憔悴”“红粉飘零”，从文学鉴赏角度看是对仗工整，从感情角度看是感慨战乱和到新的朝廷中，无论是庙堂中的吴梅村，还是江湖中的卞玉京，都是落魄流离，不复当年风光，是一种“同是天涯沦落人”的共鸣。“玉钗恩重是前生”，这一句写尽了乱离时代的时光流逝。当时的“恩”意近今日的“爱”，青山已经憔悴，早已不是当初意气风发的样子，当年的旧爱，能否给“我”一些怜惜。战乱易代的时期，女子生命也飘零如浮萍，就在这年代里，“我”也一直记得当年的你。当年，秋天的夜，湖面上的画舫，那些爱情仿佛是前世的美好，让今世的“我”怀念。

卞姑娘，这么多年了，原来你也在这里。前尘旧影，往事云烟，山河国破，“我”对你的思念深入骨髓，“我”真想和你，和你尽情倾诉这些年战争的残酷，以及被战争折磨的内心。

你不愿见“我”，是“我”最可悲最沉重的现实，一腔情愫付于决绝。

三重意象在五十六字中婉转悱恻，表现得淋漓尽致，吴梅村绮思藻合的才情因此而出。钱谦益大赞《琴河感旧》“声律妍秀，风怀恻怆”，作《书梅村宫詹艳诗后》唱和，“凄断禁垣芳草地，滴残清泪到蘼芜”，认为吴诗兼有家国身世之感，而不只是战争前的小情绪小情欲的艳词。

这首诗含蓄地向卞玉京表白，希望得到她陪伴，反复咏叹，卿怜“我”，“我”忆卿。

可是，这一次，卞玉京始终不见吴梅村。

也许上天怜悯，他们一年后再度相逢。

此时，卞玉京一身道装，一叶扁舟，泛舟曾经初遇的横塘上，为吴梅村弹琴。

尝着黄衣道人装，为梅村叙南明旧事，弹了一两支琴曲。

这时候的暖风，不知道还是不是如初见时候。这时候清廷的统治也渐渐被百姓接受，人间似乎又进入了和平年代。经历过战乱的人，弹琴叙说往事，在弦声中，心中的情思被倾诉出来。王朝倾覆，只身飘零，生命如浮萍一般凄凉。南京陷落时，清廷随即在南京广征乐籍歌女，卞玉京也在被征之列。有时候，青楼女子比背负着期待的文人更有对旧王朝的忠心，她比改仕清廷的吴梅村显得更有气节。她改道士衣冠，避开清军搜捕逃走。这次相遇，这些感情和离乱就在她一弹三叹中，两人再相见，但已今非昔比，有情人，终也未能成为眷属。

虽未成连理，可是离乱中共鸣的感情，比当初的情欲更深。吴梅村把这次谋面的经过写成《听女道士卞玉京弹琴歌》。历经易代、战乱，两人都已不再是当年的榜眼和秦淮名伎。沧桑变幻、家愁国悲，小个体在时代面前的无力感以及乱离的愁和永别的恨，掺杂着对往日绮梦的回忆，使《听女道士卞玉京弹琴歌》这首灵魂之作成为“梅村体”代表作。

鴐鹅逢天风，北向惊飞鸣。

飞鸣入夜急，侧听弹琴声。

借问弹者谁？云是当年卞玉京。

玉京与我南中遇，家近大功坊底路。

小院青楼大道边，对门却是中山住。

“鴐鹅”被天上来的风吹散，在往北飞的时候被惊吓。在清兵攻陷南京时，四散逃逸，流离失所。

“云是当年卞玉京”一句，是多年以后，原来你也在这里，此时此刻吴梅村与卞玉京似曾相识，又分隔多年。“玉京与我南中遇”，只说两人曾相识，并没有直接提到他们的关系，更有欲道还休的味道。此时，他们的感情不只是男女小情爱。乱世中，用琴声叙说，将诸多往事含而不露地表现出来，是两人难舍难分的一段苦恋，也是互相叙述乱世中的坎坷，互相取暖，抱头痛哭。

这个开头里，吴梅村唤了两次卞玉京名字，都是淡淡地唤，不是《琴河感旧》中的缠绵和入骨。也许深情到刻骨铭心之后，也许在历经多少人间酸楚后，尘埃落定，是“却道天凉好个秋”的淡然。儿女情长，因为战乱流离，掺入了人间苦难，所以显得厚重质实。从此之后，两个人再未谋面，各自流浪天涯。

在你的墓前徘徊

最后，卞玉京与一大夫相依为命。大夫去世后，卞玉京以道姑身份隐居十年后去世。

降清以后的吴梅村，不过是统治者用以笼络人心的工具而已，对其并没有真正的信任，令其苦恼万分。

不仅失意官场，吴梅村在民间也不受待见，还和“钱牧斋（钱谦益，娶秦淮八艳之一柳如是）、龚芝麓（龚鼎孳，娶秦淮八艳之一顾横波）、陈素庵、曹倦圃”五人并称“江浙五不肖”，是没脸出门的人（皆蒙面灌将人也）。

接近花甲之年、垂垂老矣的吴梅村，再不是科场得意的榜眼，再不是崇祯年间意气风发好像前途远大的有为青年，官场落败，又赔光气节。总之，当年拒绝了娶名伎这种“一厘米”误差，抵挡不过时代给他的人生的全盘否认——一种十万八千里的“差”。

一辈子谨慎，一辈子希望有情有义有操守，却终究负了明朝，负了崇祯，负了爱人。

他负了人，也被时代负了。目睹过战争、自然灾害等重大创伤的人，常常会有PTSD（创伤后应激障碍）。此时此刻，吴梅村就是其中一个患者。

清康熙七年（1668年），被软禁的吴梅村终于获得释放。他连家都没回，直接到无锡惠山祇陀庵锦树林，来到了卞玉京墓前。对他来说，父母家眷期待他，依赖他，而他心灵可以放下“期待”和“依赖”包袱去面对的，只有卞玉京。

站在卞玉京墓前，他写下《过锦树林玉京道人墓》。

斯人已逝，卞玉京已成为过去式。这首诗承载着吴梅村对时光流逝、时代变化的心境。从开篇来看：

龙山山下茱萸节，泉响琤淙流不竭。但洗铅华不洗愁，形影空潭照离别。

离别沉吟几回顾，游丝梦断花枝悟。翻笑行人怨落花，从前总被春风误。

用象征着永恒的“山”、不竭的“泉”、不变的“空潭”这些自然景物来感叹人间的瞬间多变，再用“游丝”“花枝”“落花”“春风”这些容易变幻、容易凋零、容易流逝的意象反衬心境。

金粟堆边乌鹊桥，玉娘湖上蘼芜路。油壁曾闻此地游，谁知即是西陵墓。

乌桕霜来映夕曛，锦城如锦葬文君。红楼历乱燕支雨，绣岭迷离石镜云。

乌鹊桥、西陵墓，一个个历史典故，叙说着一种兴衰变换的历史沧桑感，既是对卞玉京的追忆，也是对一生的回忆。这种回忆不只是一时怆痛，也是人类永恒的感受。

相逢尽说东风柳，燕子楼高今在否？枉抛心力付蛾眉，身去相随复何有？

独有潇湘九畹兰，幽香妙结同心友。十色笺翻贝叶文，五条弦拂银钩手。生死栴檀祇树林，青莲舌在知难朽。

吴梅村在卞玉京墓前的感情，似乎超越了性别，不只是情人，也是情感的全面宣泄，一个男人对女人的痛哭，两个人共同经历战乱的同悲。他不是撒娇，比撒娇更加悲悯，是跨越了性别之爱，达到了深层人格的相依。

吴梅村被称为千古尴尬人，本为明代高官、备受皇恩之宠却变节降清，降清之后又痛悔不已，一生活在不尴不尬的境地里。除了卞玉京，他的情感无人倾诉。

在她的墓前，他感觉被人怜惜。

不带着期待，不带着负担，只是被人简单地，怜惜。

第二辑

龚鼎孳：好男儿总有人爱，总有美人生死相随

也许龚鼎孳和顾横波都不算传统标准中的完美之人，可是他们在乱世中的生死相随却叫人感动——彼此扶持着走过了乱世中最艰难最恐怖最让人不愿回想的日子，也见识过彼此最凄惨最狼狈最可耻最丑陋最不堪的模样。最狼狈的时候，你在我身边，我也在你身边。

成功人生，周围不缺爱他敬他的人

“一个男人要走过多少路，才可以被称作男人？一只白鸽要翱翔多少海洋，才能安息在沙滩上？炮弹要飞行多少次，才能永远被禁止？……”

每一次，当我听到鲍勃·迪伦的歌《答案在风中飘扬》时候，总想起龚鼎孳，不是明末崇祯年间少年得志在秦淮河牵手顾横波的龚鼎孳，而是清初康熙年间位居政坛文坛双高位却不停上书要告老返乡的龚鼎孳。

算来一生，少年得志，金榜题名，能文能武，沙场得意，却忽然一朝身陷囹圄，因为年少耿直，直言弹劾太多人。

历经战乱，做了两度贰臣，却得抗清义士、明朝遗老和清初汉人爱戴，因为龚鼎孳是个热心肠。虽降清，他却帮了不少拒不出仕的明朝遗老；来投靠的朋友在他家一住就是十年；送落第书生银子；周旋救出同时代的文学家、名医傅青主；最后做清初词坛的主持人之一时，还提携很多文人，其中就有“清词三大家”中的朱彝尊、陈维崧。

这样的男人，少年得志时美人红袖添香，心灵相通善待佳人；身陷囹圄时，美人狱中送衣；战乱时候，才貌双全的美人更是对他生死相随。最后，龚鼎孳去世时，江南江北众多文人才士失声痛哭。

挽诗中有句如“当年遇主偏辞宠，此世何人更爱才”，当世再也见不到像他那样的轻财好士资助文人了。朱彝尊有长诗挽之，末句出语沉痛：“寄身逢掖贱，休作帝京游。”陈维崧大恸，写了一首《采桑子·和纬云弟京邸春词韵·哭合肥夫子》，哀悼这位恩师。清康熙十七年（1678年）朝廷又为之立碑，康熙皇帝在碑文《原任礼部尚书加一级谥端毅龚鼎孳碑文》中写道：“龚鼎孳性行端良，才猷敏练，历任要职，素著清勤，因积劳而成疴。今解任以调摄，方俟病痊以需召用，忽闻长逝。朕甚悼焉。特赐谥曰端毅。勒诸贞珉，永光泉壤。国典臣谊，庶其昭垂无斁哉！康熙十七年四月初二日立。”

巴菲特在大学演讲，有同学问他眼中的成功是什么。已经七十岁的巴菲特回答说：“活到我这样的年纪，周围有爱他的人，不论他是否取得世俗意义的成功，他都应该觉得自己是成功的。而我也认识不少每年都上福布斯排行榜的有钱人，可是除此之外，不会有什么人记得他们、爱着他们，事实上他们的内心是很空虚的。”名利、地位是多少人追求的东西，但是不一定每个人都可以幸运得到。在命运的随波逐流中若无法抗争，那么你也可以在每一次无奈中选择做最好的自己，决定要做什么样的人，想着扮演一个什么角色。也许这一刻，选择迎难而上；可能下一次，会知难而退。但只要你一路存一颗悲悯的心，就会得到周围爱你的人。

龚鼎孳，就是那成功的人，因为，周围不缺爱他敬他的人。

不缺爱的童年

能爱人者，大都是不缺爱的人。不缺爱的人，大部分打童年起，就是不缺爱的。

明万历四十三年（1615 年）十一月十七日，龚鼎孳出生于合肥。祖父龚玄鉴在这一年中举人，后曾担任浙江分水知县。父亲龚孚肃，少年时期便负有文名，曾任湖北蕲水知县。伯父龚萃肃，明万历四十四年（1616 年）也中了进士。龚鼎孳的出生，是比富贵更有“高级感”的一门雍雅。

他出生时，家中庭院，紫芝正开，所以，他号芝麓。

想来，童年的龚鼎孳就是那种不缺爱、受人羡慕的“别人家的孩子”。童年的龚鼎孳跟随在祖父身边读书生活。据说隔代养的孩子，适当的溺爱，叫他们少了一些刻板和循规蹈矩，多了一些灵动，也许因为不太受欺负，长大后容易不会看人脸色。

童年的龚鼎孳“生而岐嶷，颖慧夙成，禄劝公玄鉴极怜爱之。手授经书，亲加课督，不午夜不就寝”。他天资聪颖，读书一目十行还过目不忘，在祖父的引导下加上自身的学习，年仅十三，就精于科举考试范围内那些学问了，写的文章也是漂亮，“每一篇出，冠绝侪偶，兼博通骚史，善诗、赋、古文、词，老宿见之，罔不推服”。

明代采用八股取士这种“应试教育”，催生出很多典型的“应试教育”读书人——将精力花费在钻研考试范围、死记硬背知识点和练习八股范文上，对儒家经义的真正含义弃之一旁。对这种“应试教育”，当时总不乏批评声，比如明末复社领袖张溥痛斥道：“今公卿不通六艺，后进小生剽耳佣目，幸弋获于有司，无怪乎椓人持柄，而折枝舐痔，半出于诵法孔子之徒。”

龚鼎孳这种爷爷带大的孩子，少了父母焦虑硬逼式的“学而思”“新东方”等应试教育，所以，他很幸运，没有染上这股不正之风。在爷爷的教育下，龚鼎孳脚踏实地，和爷爷一起读古人的经典，积累了深厚的文学功底。

其实这才是学习的最佳法子。应试教育一定程度上，会使人下意识地读书和总结，一定程度上促进学习经典和圣贤，可是这些都是末。读书的本，是通读经典后的理解运用和融会贯通。本末倒置，是想投机取巧而不得。做好“本”这个基础，那么大多经过一些“末”的技艺训练，科举应试想要得高分是容易的。这就类似于新东方英语老师教你那么多阅读技巧，其实若你看那些阅读题原文，就和看中国《故事会》《知音》杂志等一样顺利，无须技巧，题目都做得对。龚鼎孳就是这种本末不倒置的学霸，他的诗文也好比他所受的教育，积蕴深厚，才思敏捷，既有庙堂诗人的谨严雅正，也不乏才子诗人的灵动通脱。

丰厚不焦虑的童年，配上一个聪明的脑子，龚鼎孳就是“别人家的孩子”。他一生都有良好的心态，就算全世界陷入战争的崩溃，就算有天逼到枯井底淤泥处，他依旧在淤泥处享受了人生最巅峰美好的体验。

世上最巅峰的体验是皇榜高中，还是枯井底淤泥处

灰姑娘的梦想是举办一场华美的婚礼，从此，和她的王子过上幸福生活。中国书生的梦想，是金榜题名，那时仿佛一生都笼罩在这完美和喜悦中。这个瞬间，常常是书生一生中最愉快的时候。

明崇祯六年（1633年），龚鼎孳乡试中举；第二年联捷成进士，少年登第。龚鼎孳不仅仕途顺利，明崇祯十四年（1641年），朝廷考核政绩，龚鼎孳在整个湖广地区排名第一，来年提拔京城工作；在文坛，他亦是达人，“闱卷房牍，脍炙海内，有露濣园稿百篇，学士家争传诵之”。这时期，还遇顾横波，锦上添花，人生巅峰，也不过如此了吧。

皇榜高中，初见佳人：绣帘开处一书生

明崇祯十五年（1642年）的春天，多情才子龚鼎孳从湖北赶赴京城任职，路经金陵休顿。

二十几岁的年纪，七品县长，遇见顾小姐时的龚公子还被称

为“合肥才子”。这位顾小姐姓顾名媚，字横波，在秦淮诸艳中名号响亮，被当时人首推为“南曲第一”。容貌方面，余怀《板桥杂记》说她“庄妍靓雅，风度超群，鬓发如云，桃花满面”，云朵一般飘逸的长发，加上白里透红的脸颊。她不仅是才女，更难得还是一位女画家，“通文史，善画兰”，如今的故宫博物院都藏有她画的兰花，仪态飘洒大气，笔致娴雅从容。

初见的一幕叫龚鼎孳日后也难以忘记，后来龚鼎孳专门写了一本《白门柳》来描述和顾小姐的情。当中有专门回忆这初见时的场景。

其一

晓窗染研注花名，淡扫胭脂玉案清。画黛练裙都不屑，绣帘开处一书生。

其二

芳阁诗怀待酒酬，粉笺香艳殢残篝。随风珠玉难收拾，记得题花爱并头。

其三

彩奁匀就百花香，碧玉纱橱挂锦囊。淡染春罗轻略鬓，芙蓉人是内家妆。

其四

未见先愁别恨深，那堪帆影度春阴。湖头细雨楼头笛，吹入孤衾梦里心。

全诗寥寥数十字，顾横波的百媚仪态和杰出才智已尽入其中，足见龚鼎孳乃香艳诗作的高手。

顾媚给龚鼎孳留下了难忘的印象：她不施脂粉的打扮，不知道算不算裸妆，总之，古往今来的直男都不大分得清女人裸妆还是素颜。她的房间里摆放着散着墨香的纸砚，不屑于珠光宝气却更显淡秀妩媚，而且挥毫提笺如珠玉随风，书香满纸。这样子的美人站在绣着兰花的门帘后面，神情文静庄重，有着浓厚的书卷气，宛若一位才气横溢的书生，富有深度的性感和吸引力，更是一种“高级”的性感。

第三首就是告诉性冷淡风背后的艳，入内室叙话，以“内家妆”相见。室内彩奁溢香、锦帐碧纱，不免勾魂摄魄。此几句十分艳。末首流露出的恋恋惜别之意，实则道出二人关系已非寻常，即“吹入孤衾梦里心”，婚盟之意已跃然纸上。

这段时间的龚鼎孳和其他来秦淮的文人一样会写艳词，可是龚鼎孳的艳词中，看到的不是污，更多的是撒娇、是怜惜。“搓花瓣、做成清昼。度一刻、翻愁不又。今生誓作当门柳，睡软妆台左右。”词风炽烈而直率，撒娇说我想做你门前的柳树，伴着你的妆台，这是小儿女初坠情场的天真痴缠，是男人的撒娇。也许，这真的是为正人君子所不齿的艳词，还是被人所不齿的男人也撒娇。在循规蹈矩的“正人君子”眼里，男儿头可掉，眼泪不能掉，撒娇就更不可以。可惜，龚鼎孳这种会撒娇的男人，更好命，不像“凤凰男”一样苦大仇深，偶尔向心爱女人撒撒娇，才更招人爱。如果说这些是情不自禁的艳词，龚鼎孳还有一首："手剪香兰簇鬓鸦，亭亭春瘦倚栏斜。寄声窗外玲珑玉，好护庭中并蒂花。"其中，不是艳，是满心的怜惜，要爱护女人。懂得怜惜女人同时也会撒娇的男人，才有女人历经战乱也要生死相随吧。

其实龚鼎孳初见顾横波时，顾小姐正与一位刘姓诗人打得火热，所以也就没进一步的发展。但龚鼎孳却一直有情，用情打动见惯了风月无情的顾横波，让顾横波有了接下去为爱北上的勇气。

龚鼎孳在爱情方面，也有着"凤凰男"和"正人君子"儒生们万万不及的勇气。时代风气使名士美人相得益彰，但玩玩可以，真要把一个名伎娶回家，大部分读书人还是不愿意的——兰花画得再好也是秦淮名伎啊，有损名声与仕途。正气如陈子龙谢绝了柳如是的热烈追求，使得她只得转而去追求大叔钱谦益。董小宛孤身于乱军之中狂追冒辟疆数千里，又暖心又会拿出一代名厨的水平为他暖胃，还把婆婆照顾得连连称赞，才勉勉强强换来个妾侍名分，死后冒公子写文悼念，口口声声还在强调自己的不得已。卞玉京苦恋吴梅村一辈子，吴梅村硬是没勇气娶她。也许这就是龚鼎孳的天真了，朝堂上不会看人眼色，十七份奏章连连弹劾批评；个人作风方面，也不在意世俗和教条的另眼相看。

天真的男人、会撒娇的男人总是有人爱。所以，顾横波认定龚鼎孳就是与自己共度一生的人。在龚鼎孳走后，她写下一首《忆秦娥》以寄相思：

花飘零，帘前暮雨风声声。

风声声，不知侬恨，强要侬听。

妆台独坐伤离情，愁容夜夜羞银灯；

羞银灯，腰肢瘦损，影亦伶仃。

“忆秦娥”这个词牌，相传是李白首创，因词中有“秦娥梦断秦楼月”而得名。秦娥，在李白词中指的是一位秦地女子。写她自从爱人出了远门，夜里睡不安稳，春天望到秋天，一年年下去，总是杳无音信。顾横波用上了这个词牌，便是想告诉龚公子相思之意。窗外下着雨，风声很大，花瓣被风雨吹落飘零，好像女子命运的飘零。不知道龚公子，可会怜惜这花？那带着雨滴的强风啊，那么大声，不知道“我”的相思恨离别苦，非要“我”听着这凛冽的风，伤别离时更心痛。龚公子，“我”在这里妆台前想念你，你不在，“我”也就没有打扮的兴致。可怜“我”剩下愁眉苦脸，还好你没有看见“我”这副愁容。想你，不思饮食，人比黄花瘦，孤苦伶仃。

看到这样子的相思告白，何人不感动。龚鼎孳收到后，在这首《忆秦娥》后写下：

送眼落霞边。只愁深阁里、误芳年。载花那得木兰船。桃叶路，风雨接幽燕。

诗中“桃叶”是指东晋王献之的妾桃叶，她与王献之每次短暂相聚以后，都在南京清溪渡口告别，后来，人们将清溪渡改名为桃叶渡，并成为情人依依惜别处的代称。

他恨不得找来木兰船，不顾风雨，只想接幽燕。想是顾横波孤苦伶仃的消瘦背影让他心疼，让他心焦。顾横波读这首诗，也深感龚鼎孳那恨不得以一叶木兰船将她接到身边的迫切，又仿佛想象到他见到她时的怜惜。

奋不顾身的爱情，说走就走的“旅行”

据说人一生中至少要有两次冲动，一次为奋不顾身的爱情，一次为说走就走的旅行。

顾横波读懂了龚鼎孳情意的深笃，决定抛却秦淮河的灯红酒绿，跋涉千里“长安路”去追寻龚鼎孳。她奋不顾身，说走就走，这“说走就走”是需要勇气和深情的。此时，中原狼烟遍地，战火纷飞，昔日的帝京俨然一座危城。但只因他在那里，她就有不顾一切的勇气。就在这一年的中秋，她启程北上。一个弓弯纤小、从没出过远门的江南女子，一路辛苦劳顿，在这片战火纷飞的国土上像野萍一般颠沛流离，从秦淮到华北，到华中，到京师——她最初还算顺利地从南京走到山东，可进入河北沧州却无法再前行了，当地兵燹纵横，道路阻绝，只好转回江苏与安徽交界的清江浦避祸，次年春天复渡江返泊于京口，辗转徙倚，四处流寓，到入秋后，战事稍停，才重又北上，到达北京。第二年中秋，二人终于相聚，总没枉顾横波这一年的颠沛流离。

此时此刻，这位明末常登上畅销书排行榜又颇富政治才干的能人志士，又不乏美人为他奔命，实在不符合文章憎命达的惯例。也许是老天看不下去，也许是龚鼎孳自我感觉他雄姿英发，要再建一番功业，毕竟文人自命不凡，初入官场往往缺乏经验，年轻人又特有一种傲慢和耿直，他开始处处碰壁。

明崇祯十六年（1643 年）的秋天，年轻气盛的龚鼎孳在兵部任兵科给事中，这个职务有建言进谏之责。龚鼎孳大概以为皇帝让他提意见，他非常敬业地一个月上了十七份奏章，弹劾十七位权臣。看似很敬业，实际上他是君主专制下很天真的人，由此惹恼了一向刚愎自用的崇祯皇帝，被以“冒昧无当”之名下狱。

可对于龚鼎孳来说，这个入狱，好像也不过是小惩大诫罢了。“冒昧无当”的罪名也不是要置人于死地。如果换个思维，会不会是这位欣赏他的皇帝认为他太“敬业”，已经有十七权臣对他怀恨在心，再这么敬业下去会惹得更多权臣敌视他，所以才用入狱的方式保护他?

何况，只要顾横波没有因他入狱而远离他，那么就像是武侠片里英雄落难也欢喜，因为有美人送汤。寒冬腊月，她料想牢狱阴暗寒冷，就做了一床厚厚的被子辗转送到牢中。龚鼎孳抱着被子感动不已，虽然见不到顾横波的面，但这被子已足够温暖他的心。这一夜，龚鼎孳辗转难眠，口占两首诗:

霜落并州金剪刀，美人深夜玉纤劳。
停针莫怨珠帘月，正为羁臣照二毛。
金猊深拥绣床寒，银剪频催夜色残。
百和自将罗袖倚，余香常绕玉阑干。

唐朝李德裕诗曰“愿作鸳鸯被，长覆有情人”，宋代朱淑真词写“展转衾裯空懊恼，天易见，见伊难”，此刻的龚鼎孳因为被子感到温暖感到爱。这遇难时写的诗，倒没有显得心事沉沉，最后两句还有些香艳。

香艳外，还有怜惜，怜她深夜拿着针线剪刀辛苦做被子，更怜惜顾横波千里迢迢为爱奔走，却无几日岁月静好。明崇祯十七年（1644 年）二月，龚鼎孳终于获释，再见顾横波，他写出“料地老天荒，比翼难别”的心声，这绝不仅仅是才子佳人花前月下的甜言蜜语，而是生死相许的患难真情。

回想龚顾二人的情缘，或许曾有着风月场上的轻佻与计较，但更有那个时代其他名士美人间难以企及的真与诚。反观冒辟疆与吴梅村两位，担心烟花女子坏了自己前程，却终身在功名路上奔波得辛苦万分也没有得到多少成效。天真单纯的龚鼎孳，却在清朝官位仕途一路青云直上。

如果没有战争，狱中送被子，也许这已经是人的一生中最巅峰的体验。

可是，老天就是这么不公平，不仅将聪明才智和仕途顺利都分配给龚鼎孳多一点，连爱情的巅峰体验也是。分配爱情和巅峰体验也有二八定律吧，百分之八十的人没有机会感受到爱情，只知道搭伙过日子；百分之二十的人却不止一次享受两情相悦的巅峰体验。

枯井底淤泥处

时光瞬息万变，一个月后，李自成的大顺军攻入紫禁城，忧患一生的崇祯皇帝自尽于煤山。

年底因为嘴欠得罪内阁首辅被弄进监狱，这才刚放出来一个多月，龚鼎孳又被李自成关回去了。略懂明史或看过反映这个时期影视作品的应该都知道大顺军进城后的“追饷”是怎么一回事，龚才子被李自成的大兵们暴打到半死，“夹拷惨毒，胫骨俱折”，比明朝的监狱残酷百倍。

这一年，这一片土地上，战争接连不断。想象到这一年关于战争的苦难，兵连祸结，血雨腥风，生灵涂炭，家破人亡，妻离子散，炮火的浓烟呛咳了呼吸，兵燹疮痍了视线，对死的恐惧与对生的渴盼才是时代的主旋律。无论是对于百姓、流民、军阀还是年轻的恋人，生命脆弱得如同太阳升起前的朝露。

龚鼎孳用《绮罗香》一次记录了这一年：

弱羽填潮，愁鹃带血，凝望宫槐烟暮。并命鸳鸯，谁倩藕丝留住。搴杜药、正则怀湘，珥瑶碧宓妃横浦。误承受、司命多情，一双唤转断肠路。人间兵甲满地，辛苦蛟龙外，前溪难渡。壮发三千，黏湿远山香妩。凭蝶梦、吹恨重生，问竹简、殉花何处。肯轻负女史苌弘，止耽莺燕语。

龚鼎孳的这阙《绮罗香》，其题目是“同起自井中赋记”，写的是李自成攻入北京、崇祯帝在煤山自缢后，他与顾媚躲于井底时。“搴杜药、正则怀湘”，说他本欲同屈原一样沉湘报国，可是他的爱妾顾媚不许，“一声唤转断肠路”，听着像是要自比屈原，把横波美化成宓妃，实际上，更像是带着爱妃躲进胭脂井的陈后主。那也是南京鸡鸣寺后的一口古井，相传即陈后主叔宝与其宠妃张丽华、孔贵人三人藏匿其中以避隋兵处。因井栏石现红痕如胭脂，故名胭脂井。南朝陈祯明三年（589 年），隋将韩擒虎攻陈，陈后主仓皇中携二妃入井。

这种躲井底的故事，向来都不乏嘲讽。如《韵语阳秋》有诗云：“擒虎戈矛满六宫，春花无树不秋风。仓皇益见多情处，同穴甘心赴井中。”还好，《天龙八部》中的段誉告诉大家，其实身处枯井底才是最快活的时候。上面是兵荒马乱，下面是儿女情长，两人躲在井底，相互安慰，许下来生的誓言。

人间就巅峰的快乐——枯井底，淤泥处！

龚鼎孳被人救起后，“死”过一回的，恐怕不在意贰臣这类名节了。龚才子，一闭眼一捏鼻子，就当了大顺朝的巡城御史。然而没安生几天，“辫子军”又来。

这段战乱经历，龚才子本人实在不愿意回忆。与他亦师亦友的熊文举有段记载，当时大顺军战败后焚烧明宫，准备撤离北京，他和龚鼎孳等人趁乱连夜改装携家徒步逃出城，顾横波一代佳丽也只好破衣敝体、用泥灰涂黑脸。然而出城没多久，他们就被乱兵把盘缠抢得精光。几个倒霉兄弟和家属们默然相对，看着火光冲天的京城不知何去何从，走投无路之下差点儿再次跳井。再后来呢？再后来，没有跳井，互相扶着一瘸一拐走回京城，被入关的清军接收，按原职位复官。接下去也是宦海浮沉，几起几落。

战乱时期的爱情，着实是一件奢侈品，却又是必需品

战乱时，“我们”彼此扶持着走过最艰难最恐怖最让人不愿回想的日子，见识过彼此最凄惨最狼狈最可耻最丑陋最不堪的模样。

那时候，你在“我”身边，“我”也在你身边。

生死相依，一对看来道德不高尚三观不正确的男女，在彼此眼里却是光彩夺目，这正是爱情的样子。

渡尽劫波，放浪形骸却受人爱

当所有的战争结束，大好河山，尘埃落定，人生终于复归如此的平静与寂寥。

再也没有机会能够像战乱时那样说走就走，穿越乱箭横飞的战场，来证明爱是如此无所畏惧，是如此不顾生死。这个世界上，又还有什么能够比得上那一场波澜壮阔的战争，又还有什么山盟海誓能够比得上战乱时期的爱情。

龚鼎孳降清以后，仕途并不顺利，先授吏科右给事中，寻改礼科，一年后迁太常寺少卿。父亲去世，他向清廷申请恤典，引来言官孙昌龄的弹劾，疏中骂龚鼎孳是“明朝罪人，流贼御史”，指责他生活作风有问题：“前在江南，用千金置伎，名顾眉生，恋恋难割，多为奇宝异珍，以悦其心。淫纵之状，哄笑长安。”

歌伎之名见于朝廷公文之中，也算古今稀罕之事。更稀罕的是，他根本对这些生活作风的指责不在意，只回复一句“虎噬都无避，娥眉哪可捐”，真是牛气冲天。只有龚鼎孳这种不缺爱的人才做得出。毕竟那种“讨好型”人格，哪里会如此不顾及社会舆论。

度过一次鬼门关的人，也许再也不在意世俗舆论，不“讨好”的性格，也许是放浪形骸。

顺治年间，有人写“同穴甘心赴井中”嘲讽龚鼎孳，龚不以此为冷嘲，反而发扬自黑精神，津津乐道于人。有人恨他两度贰臣，写诗诅咒他死，他和对方唱和起来——“感君多难期我死”，还将其列入自己的诗集中。龚鼎孳的“天真”超出常理之外。

也许，这时候的他已经没有年少时候的天真和孩子气，历经战乱痛苦，死过一次的人，真的对这些世故人性厌倦，更加珍惜共过患难的身边人。

龚才子被诬称“父丧期间与小妾饮酒作乐”的时候，发狠地跟对方对撕。你黑“我”可以，敢黑“我”的“闺人”顾横波，“我”跟你拼命。当龚鼎孳的发妻童氏在家乡酸讽“我受过明朝诰命，不能再受清朝诰命，让给顾太太（顾横波）好了”之后，当时已经起复高官的龚鼎孳立马拍板，真把诰命冠服给了名伎出身的顾横波。

人情世故，都不如患难与共。他俩暂别京城南归，泛舟西湖，龚鼎孳写下词句：

湖风酣畅，月明如洗，繁星尽敛，天水一碧。偕内人系艇子于寓楼下，剥菱煮芡，小饮达曙，人声既绝，楼台灯灭，周视悄然。惟四山苍翠，时时滴入杯底，千百年西湖，今夕始独为吾有。

易代离乱后归于平静，人到中年还有情，而非中年危机郁郁寡欢，这样的美好生活，也不过就是如此了吧。

顺治年间，龚又被贬为散职。康熙皇帝继位后，再起为左都御史，从此一路青云，一直做到尚书，还主持过两次会试，收了不少门生，荣华风光。唯一遗憾只是再次升官时，顾横波已过世。

为官时，如果说柳如是钱谦益秘密帮助反清复明活动是冒着巨大风险的，那么龚鼎孳每公然为汉人争权益，同样也需要极大的魄力和胆识。他曾为反清的三位志士傅山、陶汝鼐、阎尔梅奔走开脱，钱谦益赞颂他，“长安三布衣，累得合肥几死”（龚鼎孳又称龚合肥，诗句中的合肥便是指龚）。邓之诚言“艰难之际，善类或多赖其力”，指的就是龚鼎孳不遗余力，甚至不计个人安危地维护那些反清志士。

顾横波是龚鼎孳的知音，一直支持龚鼎孳，除了和龚鼎孳一起对抗清志士及其家人慷慨解囊外，她还曾冒险保护过逃亡中的阎尔梅。龚鼎孳被贬出京后和顾横波居住在金陵隐园，那时候阎尔海被清军追捕逃入隐园中。顾横波藏阎尔海于侧室中，沉着机智应变，令其化险为夷。她在保护阎尔海时表现出的义气与胆识可谓不让须眉，好像当年初见龚鼎孳时候的“绣帘书生”变成了英雄。后来的袁枚以“礼贤爱士，侠内峻嶒”八字并称她和柳如是的侠义之举。

轻财好施，对后辈的资助更让他们二人受人爱戴。清初词坛上的风云人物陈维崧、朱彝尊等都得到过龚鼎孳的揄扬和“分俸资助”。而实际上，龚鼎孳为官清廉，不算豪富，据时人宋元鼎说，遇到别人急需帮助而自己又囊中羞涩时，龚鼎孳不惜借债相助，以至于死后债主找上门，唯“叹公清介”。正因如此，龚鼎孳去世的消息传出后，江南江北许多才士失声痛哭。

终其一生，龚鼎孳是“有怀的”——别有宽广的胸怀和远大的抱负，作为一介文士，既然不能扭转乾坤，那就用自己的绵薄之力为天下文士、天下苍生做一点儿事，吴梅村因此称赞龚鼎孳为官“唯尽心于所事，庶援手乎斯民”。相对于只敢狎妓没有真爱的才子们，不顾脑袋僵化、思想守旧的道学腐儒唾骂，龚鼎孳对顾横波是个有情的真汉子。

有人爱戴，有爱人生死相随，是一个真男儿的美好人生。

不缺爱，付出爱，为改良世界尽自己的力，据说都是到达人生巅峰才会有的体验。

清初才子，我独爱龚鼎孳，也只羡龚鼎孳！

第三辑

钱谦益：无法归类的人

上帝把钱谦益派到人间，很可能是为了做一个认同紊乱的心理实验：

在文人堆里太官僚，在官僚堆里太文人；

在文人里太学人，在学人里太文人；

在秀才里面太军人，在军人里面太秀才；

在东林党里不东林，在阉党里不阉党；

在抗清时他降清了，在降清后他接着又抗清了；

没法达而兼济天下，穷，却不肯独善其身。

倒叙：贰臣

清乾隆四十一年（1776年），皇帝下诏编纂《贰臣传》，吴梅村、钱谦益、龚鼎孳"江左三大家"位列其中。

《贰臣传》分甲乙两编，"荣登"甲编的，是降清后为清廷厚积功勋的功臣。甲编所录之人"虽不克终于胜国，实能效忠于本朝"。这些人中，自然少不了大名鼎鼎的洪承畴、尚可喜、祖可法、祖大寿、张天禄、张天福等人。被列入乙编的，虽然已降清，但要么是对清廷建树较少如吴伟业，要么是还投降过李自成如龚鼎孳，还有就是投降了还不安分还抗清如钱谦益。

乍一看，若不是"贰臣"二字，甲编好像是要表彰一种跳槽后的优秀人才。当然古人的观念和现在不同，贰臣，毕竟在上下五千年"忠君报国"思想引领下，不算什么好标签。当然，乾隆皇帝也指出了"至有二姓者，非其臣之过，皆其君之过也"，就是说出现贰臣，不能一味责怪臣子不忠，明朝皇帝昏庸腐败才是出现贰臣的原因。对于被称为贰臣，龚鼎孳也曾自辩说，名臣魏征和自己一样，又投李建成，又投李世民，人家还不是创造了千古闻名的君臣佳话？也许他的自辩曾被摄政王多尔衮所鄙，可是他在清廷为汉人争取权益，舍身不计荣华安危解救不少明朝遗民，虽在乾隆皇帝的乙编，可是确实被后人称颂。

所以说，无论是甲编，还是乙编，不少人是不应该被道德审判的。

当然，除了钱谦益。

钱谦益等人归命清廷后，又诋毁清廷，进退无据。这应该是贰臣中最“做了婊子还立牌坊”的。

乾隆帝将钱谦益列为《明史·贰臣传》之首，还写诗挖苦：

平生谈节义，两姓事君王。

进退都无据，文章那有光。

真堪覆酒瓮，屡见咏香囊。

末路逃禅去，原为孟八郎。

如此善变的人，他的诗只配去盖酒坛子，根本没有资格自比高洁。当然，钱谦益的诗文才华和对文坛的贡献，也不应该随着他善变的性子而被埋没。

宦海沉浮：在文人堆里太官僚，在官僚堆里太文人

撇开他抗清又降清，降清后又抗清的善变不说，钱谦益在明崇祯、弘光两朝宦海沉浮，已经够说明他对仕途的狂热追求和善变的性格。

千万不要因为如今对他诗文作品的推崇就把他当文人，实际上他的追求是做高官。所以，他——

在文人堆里太官僚，在官僚堆里太文人。

钱谦益何许人？字受之，号牧斋，晚号绛云楼主人，是明末清初时期文学领域的集大成者，为这一时期的文坛领袖，也是明末东林党领袖之一。钱谦益文学素养不错，是明万历三十八年（1610 年）一甲三名进士，官运也许算坎坷。

明万历十年（1582 年），钱谦益在苏州府常熟县鹿苑奚浦出生，自幼聪慧，学有所成。明万历二十六年（1598 年），尚且只

有十七岁的钱谦益，成为府学生员。十二年后，二十九岁的钱谦益参加进士考试，却发生了一起乌龙事件：

牧翁殿试后，得小珰官报，谓状头已定钱公。司礼诸监俱飞帖致贺。传胪前一夕，所知投刺者络绎户外，牧翁亦过信喜极。比晓榜发，状头乃吴兴韩敬。盖敬贿巨珰，藉以潜易也。钱恨甚。后韩敬以京察见黜，疑钱挤之，亦恨甚。《牧斋遗事》

明万历三十八年（1610 年）庚戌科殿试，钱谦益据说本是状元郎，被主考官叶向高定为第一名。他正春风得意，报喜的人来了，却是一个叫作韩敬的人得了状元。据说，这人是因为贿赂了主考官。这件事情来源钱谦益的个人传记，也不知道这贿赂是真是假。还有一种比较符合逻辑的说法是因为主考官叶向高是东林党人，因为党争，发榜时的状元换了人，钱谦益被改为第三名，仅以探花及第，授翰林院编修。不过，二人从此结下梁子，应该是真。按照现在的说法，埋下了一个定时炸弹，总在钱谦益好像要登仕途巅峰时候爆炸。

二十九岁的钱谦益以这样富于戏剧性的方式丢失了状元的荣耀，同时也拉开了他不受同僚欢迎的、悲剧又油腻的政治生涯的序幕。

拿着探花郎这个“鸡肋”名次后，父亲去世，钱谦益回家，这一去就是十年，人生闲置了十年。

十一年后的明天启元年（1621 年），钱谦益终于离开朝廷待岗管培生位置后，当了浙江科举主考官，转右春坊中允，参与修撰《神宗实录》。作为浙江主考官的钱谦益，在这一年任职里，浙江考场发生了严重的科举舞弊案件。十年前被东林党人弹劾免职的韩敬，也就是顶替掉钱谦益状元位置的那位，罗织罪名，弹劾钱谦益浙江乡试科场舞弊，“关节受贿”。这个罪名涉嫌欺君之罪，事态严重。虽然结案时罪名得以洗刷，但钱谦益仍被迫引咎辞职。明天启二年（1622 年），他称病告假，辞官归乡。

和韩敬结下的梁子就爆炸过这一次，那一定是钱谦益的最大心愿。

两年后，钱谦益再度入朝为官，为礼部侍郎，主要负责《神宗实录》的编纂工作，人到中年的钱谦益此时成为“东林魁首”。明末之时阉党横行，专政擅权，将朝政搞得一塌糊涂，政治黑暗不堪。当时自称清流一派的“东林党”与“阉党”形成敌对之势，两者间明争暗斗无数。当时钱谦益受到以魏忠贤为首的“阉党”排挤，于明天启四年（1624 年）被革职回乡。

天启皇帝去世之后，崇祯皇帝上台，他这一上台便剿灭了以魏忠贤为首的阉党，“东林魁首”钱谦益再度复出任礼部侍郎、翰林侍读学士。明崇祯元年（1628 年），钱谦益以为春风得意，进京之前写下：“圣代故应无弃物，孤臣犹有未招魂。”

但是，他却也没有得到美好前程，实际上是“孤臣却立彤墀内，咫尺君门泪满襟”。

本来钱谦益是《东林点将录》中被排为“天巧星浪子”的东

林党首领，又以为之前因屡罢屡起的宦海生涯而声望日高，那时候钱谦益自认为美好前程来了，作诗都得意，“流俗相尊作党魁”，他自以为会顺利进入“会推”之列，以为可以拜相了，可是，这时候发生了锦州兵变。周延儒因在这个重要问题上与皇帝有相同的看法，从而赢得了急需延揽人才的崇祯皇帝的信任。这时候的钱谦益看到了周延儒的风头正劲，若同时列入入阁的名单，那自己绝不是其对手。他和东林党一起“谋沮之”，就是要先下手为强。这一举动当然失败了，这就看得出钱谦益不文人不清高了，他完全是官僚、是政客，当然绝对属于那种手段并不算高明的官僚。

周延儒遭东林党打击的时候，礼部尚书温体仁也要发难钱谦益，于是温、周二人拿出钱谦益当时科场舞弊一案旧事重提，并给此案找了个“莫须有”的关联——“结党”，这恰好击中了崇祯皇帝多疑的神经。这时候东林党越为钱谦益辩解，那么越坐实了“分明满朝俱是谦益一党”。原本在静候入阁做宰相的钱谦益在几句苍白无力的辩解之后，只能“伏地待罪”。

那一年冠军变季军的炸弹再次爆炸，这次和韩敬本人没啥关系，但是杀伤力比天启年间更甚。

固然是由于温、周这两位更有官僚思维的人排挤的缘故，但和钱谦益自身之行为和命运伏笔好像也不无关联。此后，钱谦益好似歇了入仕的心思，逃离京城，回家乡常熟。

作为一个追求做官的文人，一个失败的官僚，他写下这样的组诗——

《十一月初六日召对文华殿，旋奉严旨革职待罪，感恩述事·凡二十首》：

秘殿风高白日阴，天阶云物昼沉沉。
裂麻未是廷臣意，枚卜空烦圣主心。
宸翰星回官烛影，禁庭雷殷属车音。
孤臣却立彤墀内，咫尺君门泪满襟。

第一句写放眼望去，这秘殿的风，又高又孤独，还那么凄凉，那么寒冷。不是说白天不懂夜的黑吗？现在是白天，怎么却像黑夜一般阴森。第二句回忆“会推”之事。古代选官用占卜，故称枚卜，明代专指拜相。第三句开始写朝廷依旧是那么热闹，那么车水马龙，为了衬托最后一句他遭革职后悲凉的心境——孤单伫立宫门外，离皇宫很近，却见不到皇帝，咫尺天涯，不由得心生酸楚，泪湿衣襟。

也许，他也反思过自己并不高明的宦海生涯吧，也写下：“事到抽身悔已迟，每于败局算残棋。”残棋已经无法翻盘，那就算了吧。就这样，他结束了崇祯朝的政治生涯。

降清又抗清

当然，闲居日子，自然比我们想象的好。这日子里，他与秦淮名伎柳如是相识，最终在他五十九岁的时候，抱得美人归，将二十三岁的名伎柳如是娶回家。

柳如是才貌双绝，比钱谦益小三十六岁，与钱谦益一同留下了一段传奇般的爱情故事。由于二人身份相差极为悬殊，一时非议四起，成亲时，婚船中被人投入许多石块和瓦砾，但二人并不在意。单就爱情而言，钱谦益的确是个好男人。

钱谦益晚年突然得到一位美貌佳人，自是欢欣鼓舞，居然像年轻人一样写下《寒夕文宴再叠前韵，是日我闻室落成》。

红烛恍如花月夜，绿窗还似木兰舟。

曲中杨柳齐舒眼，诗里芙蓉亦并头。

明崇祯十七年（1644 年），李自成攻破北京，崇祯皇帝自缢身亡，明亡。

南明弘光政权建立，立刻给钱谦益梦寐以求的仕途带来了曙光。当时，阉党余孽马士英、阮大铖以拥戴之功，把持弘光朝政。为了入朝执政，作为东林领袖，自视清流的钱谦益在柳如是帮忙牵线下攀附阮大铖。不仅如此，他还上书称颂马士英、阮大铖这两个东林公敌为“慷慨傀儡男子也”。就这样，油腻的他成为南明小朝廷的礼部尚书。

这时候应该是钱谦益一生中最巅峰的时候吧——一个油腻的中老年男人，有美人在旁，也许还可以依靠江南半壁江山恢复大明，恢复他的仕途。他在《甲申端阳感怀十四首·其十四》中兴冲冲地写道:“喜见陪京宫阙开，双悬日月照蓬莱。汉家光武天潢近，江左夷吾命世才。”这时候心情兴奋的钱谦益，诗句中一股油腻味扑面而来:他把弘光皇帝比作东汉的光武帝刘秀，还把自己比喻成管仲一样的人才。吾皇啊，您是站在风口浪尖紧握朝代旋转的复兴之君啊，有了吾皇您啊，“我”就可以像管仲一样，我们大明就可以像齐国和齐桓公一样称霸了。这首诗流露出的欣喜若狂可以看出，奉承阮大铖好像没有给他带来什么不愉快，反而因为有了梦寐以求的高位高兴得不得了。

可惜，上天没有给他机会继续扬眉官场。毕竟，虽然他文章写得好，可是他真的没有管仲的经世之才，那皇上也只有流亡国君的命，钱谦益也真没有做流亡政府首脑的忠心。

清军很快南下，兵临南京城，眼看明朝即将覆灭，颇具民族气节的柳如是劝说钱谦益与自己一同跳河殉节。钱谦益不仅自己没有自缢殉节，还将一心要殉节的柳如是拉住。

他还说出了为何不能殉节的千古理由——水太凉。

水太凉，不能下。

这句话看起来很平常很家常，一点儿都没有他写的诗文那么美，似乎却更流传千古。

那时候他拥有的已够多了：东林巨子，文坛领袖，斯文宗主，而且还是幕后政治的牵线人物，是所谓的“社会贤达”。他拥有那么多，退路那么多，选择那么多，怎么会舍得随随便便死掉。而青楼出生的柳如是，身份卑微，声名任人践踏，这时候跳河殉国，说起来就是为了心中的理想和美好奉献生命，这样的死，比泰山重，名垂青史。所以，这两人面对跳河殉国抉择，是不可能达成一致的。

所以，在短命的弘光政权结束后，钱谦益率先迎清，并将南明弘光帝宫中的美女数人献给清军首领以讨其好。在这朝代更迭的短短一年间，钱谦益接连做了两件辱没人格、丧失气节的“大”事。

当时有人作诗记讽：

钱公出处好胸襟，山斗才名天下闻。国破从新朝北阙，官高依旧老东林。

国破从新朝北阙，钱谦益就那么降清了。

当时史敦《恸余杂记》记载了钱谦益舰颜迎降时的行为：“豫王（多铎）下江南，下令剃头，众皆汹汹。钱牧斋忽曰头皮痒甚遽起。人犹谓其篦头也。须臾，刚髡（剃去头发）辫而入矣。”

意思就是，“我”是因为忽然间头皮痒痒所以剃发了。这个行为像个小孩子做错事的托词，贻笑大方。这个忽然间的头皮痒，拉开了他在清廷也郁郁不得志、还时常被人讽刺的暮年。

钱谦益降清北上以后并没有得到信任和重用。清廷按照钱谦益崇祯年而非弘光年的职务恢复，任其为礼部右侍郎，负责修《明史》的差事。实际上，这一官职在清廷不过是个用来装饰门面的闲职而已。

这时候的柳如是则留居南京，坚决不入北京，穿着一生红衣（暗示朱明）相送。

同年钱谦益备受排挤，南归。在背叛东林党，抗清又降清的这一路自责里，也许他学会了宽恕。

史书上说，钱谦益北上时柳如是与他人通奸。钱谦益儿子“愤之，鸣官究惩”。照理说，柳给他戴了绿帽子，这是男人的奇耻大辱，他应该气愤才是。谁知钱谦益回来后，反而将儿子大骂一顿，甚至对儿子说出“不及黄泉，不可相见”的决绝之语。他斥其子曰：“国破君亡，士大夫尚不能全节，乃以不能守身责一女子耶？”

也许是因为钱谦益对柳如是的宠爱，更是因为变节事件在他心中的反思，他看到了乱世中自身抗争的无力和无能，而自己一个变节的男人又有何资格去谴责柳如是？

不是每个男人都可以做到不“双标”，这方面钱谦益这个无法归类的人，比如今大部分男人高尚。

柳如是为何与他人通奸？也许是敢爱敢恨的她，对“失节”的钱谦益失望，所以红杏出墙。这种思想，在当时无疑相当“前卫”！但是，我依旧相信，柳如是爱的是钱谦益。男人也许有性和爱分开，女人亦如是。

不久之后，钱谦益突然被逮锒铛北上，关入刑部大狱，据说和一起反清复明案有关。降清后的钱谦益，开始抗清了。

柳如是此时身怀六甲，决然而起，扶病冒死随行，上书陈情，誓愿代死或从死。柳如是变卖家产，各处打点，经全力奔走营救斡旋，这个案子不了了之。

出狱后，钱谦益看着柳如是老泪纵横：恸哭临江无孝子，徒行赴难有贤妻。

此后，钱谦益也许靠着柳如是的陪伴壮胆。他们的爱，不是举案齐眉，是乱世中的战友，莫逆之交。钱谦益表面上息影居家，暗中与学生郑成功联系，与西南和东南海上反清复明势力联络，积极参与反清复明，把剩下的一部分家产都送给抗清人士作为经费，还数度出入清朝大牢，周旋救出不少抗清人士。钱谦益屈节降清遭人鄙夷，而抗清这件事使他的名声逐渐好转。

“鹦鹉疏窗昼语长，又教双燕话雕梁。”好像接下来，只要有柳如是的陪伴，钱谦益的晚年生活一定赛过神仙。

晚年钱谦益千金散尽资助反清复明大业，有时需要卖文卖字，以维持生计，可是柳如是不离不弃，二人互相宠爱，互相溺爱。外人说柳如是“颇能制御”钱谦益，钱谦益“甚宠惮”她，并非道德标杆的钱谦益却成为爱情标杆。

“买回世上千金笑，送尽平生百岁忧。”这是他的真心话。千金难买一笑，得到这世上独一无二的互相宠溺，在孤独老去又备受质疑的矛盾人生路上有一双手相偕相扶，不正是人生之福吗？

所以回首，是“蒲团历历前尘事，好梦何曾逐水流”。

长啸谢都门，斯可以去矣

清康熙三年（1664 年），八十三岁高龄的钱谦益重病去世。

可怜这位社会贤达病重期间，家中已经无力支付医药费，经常赊账、借钱，甚至为了棺材钱把黄宗羲关到书房做枪手。他去世前答应写一位盐台大人父亲的墓志铭、诗集和庄子注的序言。可惜，本人重病在身动笔困难，想找个枪手又怕水平太次影响名声。黄宗羲探望他时，他把黄宗羲骗到自己书房，然后反锁。黄宗羲为了早点出去，不得不当枪手。黄先生不愧是大才子，几个时辰就将三篇文章写好了，为老师赚到最后的棺材钱。

钱谦益死时，族人不相信他真的穷，钱朝鼎指使钱曾等人逼索钱财三千两。儿子钱孙爱见此也不知所措，跑去和柳如是商量。

柳如是好言好语对众人说："明天晚上都来家吃饭，你们需要多少银子，我们都照办。"那帮人听到这话才散去。

这时候柳如是的智慧谋略便显现出来了，她连夜书讼词，遣人送到府县告难说自己被族人欺负无奈上吊自尽。接下来，她用一根白绫吊死在荣木楼上，终年四十七岁。

等到那帮要抢钱的族人来了，官府也来人了。证据确凿，自然难逃干系。“府县闻柳夫人死，命捕诸恶少，则皆抱头逃窜不复出。”最后，这帮人被府县定了个家主新丧、逼死主母的罪，统统打入大牢。

柳如是最后用殉夫顺便教训了一群族人，真叫人怀疑金庸写殷素素殉夫顺便教训少林寺的举动，是不是看了柳如是而有所启发。

清军入关，她没能做成国家的忠臣；现在，她终于可以做一个殉夫的节妇。她的付出得到了尊重，钱孙爱最后以嫡母之礼将她埋葬。虽然，钱谦益身边葬的还是原配陈夫人，但是柳如是隔得不远。清人在墓前怀念时候，也许因为距离不远，可以把崇高更偏给柳如是那头。

毕竟，柳如是容易归类祭拜，钱谦益是无法归类的人。

也许，明清战乱之际风云变幻，各方势力犬牙交错此消彼长，想在这种情况下站稳脚跟，太不容易。钱谦益这首向陶渊明致敬的《饮酒》诗，道出了一个无法归类的人的牢骚。

世多爱官者，不复知酒旨。
亦有爱酒者，不暇计官美。
爱酒令人狂，爱官令人鄙。

肠烂饮不休，漏尽宦不止。

嗜酒与贪官，皆可令人死。

我本爱官人，侍郎不为庳。

我亦爱酒人，致酒每盈几。

今年命大缪，官罢酒亦耻。

长啸谢都门，斯可以去矣！

这首诗典型地反映了钱谦益一生复杂的心理状态。“世多爱官者，不复知酒旨。亦有爱酒者，不暇计官美。”世界上喜欢做官的人那么多，也有喜欢酒的人，可是爱做官的人，可会明白饮酒给人带来逃避现实的感觉吗？喜欢饮酒的人，你们的气质带着陶渊明的隐逸，可不会把那珍贵的闲暇拿来算计做官有多风光。爱酒的人天生一副疏狂，爱官的人常被人看不起。借酒消愁，“我”一直不停地喝酒，不管肠烂不烂，健不健康。酒到愁肠流啊流，像“我”告别过去的宦海一样，过去的时光也流啊流。嗜酒，还是贪恋权位，无论是哪种，都可以致命。可惜，自己爱官，又爱酒。“我”爱做官，爱做大官，“我”爱喝酒，喝酒一定要倒到酒杯都快溢出来的满满一杯。当初侍郎的官位本也不卑微，只因为一心想做更大的官，反而遭到奸人的诬陷而被削职为民，想想人生的祸福进退真是无常。

“长啸谢都门，斯可以去矣”，结尾那无可奈何的感叹，是“我”满腹牢骚的发泄。这个牢骚发得有名堂，有文采，有后劲，有气势，同时又有节制，一泻千里却又收放自如，伤感又悲愤，有哀也有怨，一唱三叹，层叠起伏。

只有无法归类的钱谦益先生写得出如此诗句！

如今世上会作文的人太多，会作学术的人也很多。但是，创作文坛和学术圈基本上是无法相容的两大群体。创作者听到文学教授高谈阔论各种理论流派，经常会在心里哼一声：“净扯没用的理论，你行你上啊。”

而钱谦益，就是那种“行，能上”的一个无法分类的人，在文人里太学人，在学人里太文人。

他是诗人，与吴梅村、龚鼎孳合称为“江左三大家”。在明诗萎靡不振时，他的出现振奋诗坛，“诗家翕然宗之，天下靡然从风，一归于正。其学之淹博、气之雄厚，诚足以囊括诸家，包罗万有，其诗清而绮，和而壮，感叹而不促狭，论事广肆而不诽排，洵大雅元音，诗人之冠冕也！”（凌凤翔《初学集序》）

这句意思说，钱谦益的出现，是明诗的告退和清诗的开场，标志着诗歌的新纪元。钱谦益他拜多师，好比郭靖有哲别、江南七怪、洪七公、老顽童等师父，他学杜甫、元好问的骨力，苏轼、陆游的气机，李商隐、韩偓的修辞。但他又不是郭靖，他天资聪慧，一些很难驾驭的庞大组诗也是他所擅长的。和他所学的杜甫一样，也有“诗史”称号。在钱谦益得知郑成功势如破竹围攻清军盘踞的南京时，欢呼雀跃，仿杜甫“秋兴”写下了大型组诗《金陵秋兴》，被后人称为“诗史”。

钱谦益不仅自己写，更是研究唐诗的大家。换在今天，钱谦益老人家铁定是研究唐诗的泰斗、长江学者。今天你要是想研究杜甫，都没法不读他的注。

他还是文章家，号称“当代文章伯”，他被称为王弇州（世贞）后文坛最负盛名之人。他甚至被称为史学家也不为过，早年撰《太祖实录辨证》五卷，立志个人完成国史编修，南明弘光元年（1645年）和清顺治三年（1646年）两次欲修明史。虽然因为种种原因未能如愿，但人们认为“虞山（钱谦益）尚在，国史犹未死也”。

作为收藏家，钱谦益尽得当时四藏书家的书，更不惜高价求购孤本，构筑“绛云楼”，收藏宋元孤本书于其上，“所积充物，几埒内府”。感谢他仕途的不平坦，要不然他的精力一定花在梦寐以求的功名上，又怎么可能成就一位名副其实的收藏家？他在被朝廷闲置期间在家筑楼藏书，一部一部书检校，还著述目录。明朝王世贞不惜以一座庄园的代价换得的宋代刻的《汉书》《后汉书》，后来因故散落于民间，钱谦益花费数年的时间追踪查询，最终以一千二百金的高价觅得。他为了喜欢的古书善本不辞辛劳，四处奔走寻访，以致“书贾奔赴捆载无虚日”。钱谦益中年时曾构筑拂山水房藏其所收之书，晚年则居红豆山庄，又新建绛云楼，把平生所收书籍重加缮治，分类编目，整整装满七十三大柜，藏于楼中。望着满屋书籍，钱谦益感慨地说：“我晚而贫，书则可云富矣。”可惜后来绛云楼发生火灾，但是钱谦益根据他惊人的记忆力，写出了《绛云楼书目》。书目对宋元版本情况多有记载，为保存中华文化火种，功德无量。

再一次感谢他的官场失意，还有对待逝去明朝的善变，那种百转千回的心灵苦痛，成就了他诗歌的真实情感。文章憎命达，再看一遍他的生平章节，每一字，每一句，都写出人生的无可奈何，穿越三百多年时光，仍能感动今日。作为出色的诗人，钱谦益用杰出的文学创作才能刻画了自己作为失败政客的一面，政治因素深深地渗入了他的文学之中，令后世为之悲叹交集。

如此一生，达时没有兼济天下。以政治标准来衡量，钱谦益一生可谓从未有过“达”的境地，但是他的兼济天下的雄心从未熄灭过，他是穷而绝不独善其身。就算后人也有评价他的诗不算最一流，学问也不是最上，但是二者兼顾，都属于重量级建树。

他是一个无法归类的人，是“一代文宗”，是明末清初的诗坛领袖，是一个多产的诗人，更是一位渊博的学者，是学界泰山北斗般的存在。

无法分类的诗

研究钱谦益的文章，多集中于他的文学成就，更集中于他和柳如是的爱情故事。这就让我为他这个人物苦恼，如何让捧着书的读者可以看到鲜被人写过的人物新鲜之处。

忽然间，秀才与兵的想法叫我开窍。我想和读者说说他那些秀才与兵结合的诗。无法归类的人写的诗，分不清是秀才，还是兵。

热爱做官的钱谦益不只是爱做文官，他一生都对拥兵十万靖扫胡人有十分高涨的热情，甚至说，也可以当作其政治雄心和政治野心没有实现后的具体流露。毕竟，怀才不遇的他和陶渊明不一样，情绪需要一个发泄，那么纸上谈兵论剑是最佳方法。

他的诗写于明清交际战乱之际，谈兵论剑是时代的潮流。

这个时代潮流太好理解。作为电影观众的我们，在看关于第一次世界大战、第二次世界大战的影片时都会想，若自己生在第一次世界大战、第二次世界大战时期，会不会毅然决然地走上战场去为正义与祖国抛头颅洒热血？

天启年间，还未老的钱谦益任朝廷侍读学士、翰林院编修、经筵日讲官等职。这一阶段他的主要工作就是为皇帝讲书，除此以外，他的大部分日常交往都是在谈兵论剑中度过的。不仅写诗，还参加线下聚会，当然这种聚会，就是一群书生秀才的纸上谈兵。

海内士大夫自负才略，好谈兵事者，往往集余坻中，相与清夜置酒，明灯促坐，扼腕奋臂，谈犁庭扫穴之举。

纸上做将军，不仅体现在线下聚会里。明崇祯二年（1629年），他被革职待罪时，忽然间听说袁崇焕入见天子，好像病入膏肓的人遇上了刚刚研发出来的科技新药，立即提笔写下“莺啼大纛连营静，月出雄关列灶虚”（《奉酬山海督师袁公，兼喜关内道梁君廷栋将赴关门二首》），乍一看，他是有立马拿起大刀收复辽沈的迫切心情啊，其豪情不亚于某年夏天看电影《战狼2》的小青年。

这种热情，还延续到他遇到柳如是后。谈恋爱时还谈要投笔从戎，基本很容易分手，可人家钱谦益，遇到的是“革命战友”柳如是，二人琴瑟和鸣，简单粗暴，就是虐我们这些三百多年后的“单身狗”。

《秋夕燕誉堂话旧事有感》（钱谦益）

东虏游魂三十年，老夫双鬓更皤然。追思贯酒论兵日，恰是凉风细雨前。

埋没英雄芳草地，耗磨岁序夕阳天。洞房清夜秋灯里，共简庄周说剑篇。

《初夏感怀四首》其四（柳如是）

荒荒慷慨自知名，百尺楼头倚暮筝。勾注谈兵谁最险，崤函说剑几时平。

长空鹤羽风烟直，碧水鲸文澹冶晴。只有大星高夜半，畴人傲我此时情。

钱谦益的诗，体现的是无法上战场的遗憾以及遇到知音人洞房花烛夜时一起纸上谈兵时的愉快。柳如是毕竟也是可以谈兵论剑的人，她写的这首诗毫无闺阁小女儿情态，有的是大气势的磅礴感。这首诗带着我们看见在茫茫大地上，有一个女子矗立百尺楼头，弹筝唱曲，谈兵说剑，纵论天下大事。长空之上，烽烟直起，仙鹤远飞，碧水之中，巨鲸击水，有浪遏飞舟之情。

明崇祯十四年（1641 年）的冬天，都有投笔从戎之意的“革命战友”兼爱人同志，钱谦益和柳如是一起到京口凭吊韩世忠、梁红玉大战金兀术的古战场。二人指点江山、激扬文字，看滚滚长江东逝水，浪花下，某一天也许有他们二位的名字吧。二人以韩、梁自期，企盼做一番覆定大局、彪炳史册的功业。

在钱谦益被敌党所抑“自理东山旧管弦”“闺阁心悬海宇棋”的时候，他们“携手双台揽人世，巫阳云气自朝昏”。探花郎对着古战场想象自己是将军，还有女将军一起携手并进，无论多不现实，却也足够快乐。

事实上，文人当兵，大部分有忧国之心，而无谋国之智，有靖边之志，而无靖边之才，钱谦益自然如此。也许有人说他一生从未真正经历军旅生活，所以不适合当将军。可是，探花郎做做从军梦，也是可爱的。

毕竟留下了那些“在秀才里太军人，在军人里太秀才”的不朽诗作。

第四辑

朱彝尊：暗恋小姨子，成就清词新天地

古代的词人，要么写了词献给逢场作戏的歌伎，要么把词写给虚无缥缈的梦中仙女。尽管够美艳够梦幻，可触不到真实的、疲惫的、深沉的内心。

朱彝尊，用一生写了一部词集。几十年如一日，他白描自己的情感世界，描述对一个人不可言语的欢乐与痛苦。

一场得不到的爱恋，成就了一种新文体。

词，一场风花雪月的狎妓还是深情

朱彝尊以前的词人，他们的词若和女性有关、和情场有关，一般是狎妓之作。如秦少游《生查子》词赠妓李师师：

远山眉黛长，细柳腰肢袅。妆罢立春风，一笑千金少。归去凤城时，说与青楼道。遍看颍川花，不似师师好。

秦公子写给李师师的不止一首，还有："年时今夜见师师，双颊酒红滋。疏帘半卷微灯外，露华上、烟袅凉飔。簪髻乱抛，偎人不起，弹泪唱新词。佳期谁料久参差，愁绪暗萦丝。相应妙舞清歌夜，又还对、秋色嗟咨。惟有画楼，当时明月，两处照相思。"

姜夔怀念他"合肥双飞情恋"，也是赠妓，送给叫作"莺莺"和"燕燕"的姊妹花，写了《踏莎行》：

燕燕轻盈，莺莺娇软，分明又向华胥见。夜长争得薄情知？

春初早被相思染。别后书辞，别时针线，离魂暗逐郎行远。淮南皓月冷千山，冥冥归去无人管。

连苏东坡也不能免俗。《贺新郎》一词的小序就说这首词写给歌伎秀兰姑娘："仆乃作一曲，名贺新凉，今秀兰歌以侑觞。"

乳燕飞华屋。悄无人、桐阴转午，晚凉新浴。手弄生绡白团扇，扇手一时似玉。渐困倚、孤眠清熟。帘外谁来推绣户，枉教人，梦断瑶台曲，又却是，风敲竹。

石榴半吐红巾蹙。待浮花、浪蕊都尽，伴君幽独。秾艳一枝细看取，芳心千重似束。又恐被、秋风惊绿，若得待君来向此，花前对酒不忍触。共粉泪，两簌簌。

宋代词人谁无病，都贪恋歌女的风情。大词人总在词里写那些莺莺燕燕多么想念他，他引以为傲。实际上，歌女唱着多情的曲子，说着多情的话，也不一定爱着眼前的词人，也许爱着心中所爱，却唱给眼前人罢了。这就好比席慕蓉的诗《戏子》所云——"请不要相信我的美丽/也不要相信我的爱情/在涂满了油彩的面容之下/我有的是颗戏子的心/所以请千万不要/不要把我的悲哀当真/也别随着我的表演心碎。"

歌女对文人大多情义不深，除非是柳永——愿意当她们事业伙伴的北宋版方文山。他把歌女看成知己和知音，把真情实感寄托在她们的身上。因为尊重，因为懂得，因为怜惜，更因为柳永写的词可以捧红歌女上"金曲排行榜"，所以柳永多次蝉联“大宋歌伎梦中情人”排行榜第一，歌伎们深情讴歌：“不愿君王召，愿得柳七叫；不愿千黄金，愿得柳七心；不愿神仙见，愿识柳七面。”

这家伙的词，基本也送给各位莺莺燕燕。

秀香：“秀香家住桃花径，算神仙、才堪并。”（《昼夜乐》）

英英：“英英妙舞腰肢软，章台柳、昭阳燕。”（《柳腰轻》）

瑶卿：“有美瑶卿能染翰。千里寄、小诗长简。”（《凤衔杯》）

心娘：“心娘自小能歌舞，举意动容皆济楚。”（《木兰花》）

佳娘：“佳娘捧板花钿簇，唱出新声群艳伏。”（《木兰花》）

酥娘：“酥娘一搦腰肢袅，回雪萦尘皆尽妙。”（《木兰花》）

虫虫：“就中堪人属意，最是虫虫。有画难描雅态，无花可比芳容。”（《集贤宾》）“虫娘举措皆温润，每到婆娑偏恃俊。”（《木兰花》）

直到清初朱彝尊出现，又一波新的写情情爱爱的词诞生了。下面把他的这几首词列一下，和前面进行对比。

“齐心耦意。下九同嬉戏。两翅蝉云梳未起。一十二三年纪。”来自他回忆小姨子之作《清平乐》。《渔家傲》有：“一面船窗相并倚，看渌水。当时已露千金意。”表露出他对小姨子的爱意。

绝世之作，被况周颐赞为清一代词的压卷之作《桂殿秋》，也是怀念小姨子的：

思往事，渡江干，青蛾低映越山看。

共眠一舸听秋雨，小簟轻衾各自寒。

这一对比，大概会发现：这不是歌女和客户的情感，这是写给看着怜惜心生爱意却永远得不到的小姨子。还有一点，宋朝那些词人，怀念的不只是莺莺和燕燕，还有好多女子。朱彝尊的一整本文集都只写对小姨子的暗恋，整整一本《静志居琴趣》，八十三首，还有长达二百韵的风怀诗，都只为一个人而写——冯寿常。

更了不得的是，相对于宋词里那种香艳，朱彝尊的词里全是纯情。因为纯情，因为禁忌，爱就变得更加强烈和隽永，又热情又细水长流，流在心里千百回，一辈子。自此以后，词不再只是和歌姬的那些事，纯爱的词更有强大的情感穿透力。

暗恋

朱彝尊，字锡鬯（chàng），号竹垞，浙江秀水（今嘉兴市）人。因为地理位置在浙水的西边，因此这一词派叫“浙西词派”。擅长写词的朱彝尊，自然就成为“浙西词派”的首领。

他是学问家，又是诗人，一生著《经义考》三百卷，修《明史》。他写诗，与当时的王士祯齐名，称“南朱北王”；写词，与陈维崧齐名，合刊词集《朱陈村集》；在题跋这种书评小品文方面，有意与前辈大师钱谦益争胜；散文方面，顾炎武称他“文章尔雅”；《清史稿》本传称他“兼有众长”。

如此饱学之士，却因爱恋小姨子为人诟病，一代经学大师未能录入儒林传。而这是朱彝尊的自我选择，他一定要记录凄美爱情，无所谓进不进榜单。

这位朱公子，是明朝宰相朱国祚的曾孙。历史上记载朱国祚虽位居高官，但官毕竟不是富，加上权力无法世袭，他去世后，并没有儿子举业成功，家道逐渐中落了。

到了朱彝尊的时候，朝廷已变大王旗，朱明王朝的后代也没什么风光，清廉为官的长辈也没有留下什么家财。朱彝尊的母亲在他幼时订亲冯家。冯家的家境不错，户主冯镇鼎是个读书人，做过归安教谕（相当于现在的地方教育局长），家境比朱家好了许多。到朱彝尊十七岁该完婚时，朱家此时拿不出彩礼，因此朱彝尊就入赘在冯家。

这一年，清军南下，朱彝尊随岳父在兵荒马乱中迁居到练浦塘东的冯村。

这一年，他初识比自己小七岁的小姨子（也有说法是小十岁）。

朱公子很聪明，也许是遗传了祖上好基因。六岁时，朱彝尊入塾读书就有神童之称。十岁时他跟着叔父朱茂晥学习，每天能记诵万字，还过目不忘，也写得一手漂亮文章。在相处中，教习诗书，他与妻妹冯寿常情有暗合。朱彝尊欣赏她的美丽聪慧，开始也能做到宁静心志，以礼自防。他刻意为妻妹取字静志，自己也以“静志”二字题名居所。

一开始，也许朱彝尊只是单纯喜欢小姨子，无关情欲。那时，她还只是个在蔷薇架下捉蝴蝶、不知愁为何事的小姑娘。看到她的笑容，一天的烦恼便会消除。一个春日，朱彝尊信步来到后花园，忽听得一阵银铃般的笑声，循声望去，是一群女孩子在嬉戏玩乐。小妻妹冯寿常最是引人注目，她梳着一对高挑的蝉鬟，煞是娇憨可爱。

齐心耦意，下九同嬉戏。两翅蝉云梳未起，一十二三年纪。

春愁不上眉山，日长慵倚雕阑。走近蔷薇架底，生擒蝴蝶花间。

“下九”为女子欢聚的日子。《孔雀东南飞》里就记载有嫂子小姑之间初七及下九的嬉戏。和如今妇女节不同，下九是每个月十九日，女子们即可玩闹一番。“齐心耦意”，也许是说女子们同心合意，大家投入地在玩游戏，也许说朱彝尊和小姨子两个人之间也有同心。汉语不同于英语的美妙之处是，可以缺少主语，让我们对动作发起人浮想联翩。到底是姑娘之间齐心，还是朱公子和小姨子早已齐心？再看“耦”这个字，是“耒”和“禺”的组合。“耒”为耕地的工具，“禺”在古代与“偶”相通，“耒”“禺”相并，合成一个新字，表达的是二人一起耕作的齐心吗？再认真看看，这“耦”便有了默契的意思。看中国的汉字，有拆拆合合、字义不同的这种奇妙奥秘。

“两翅蝉云梳未起，一十二三年纪”，蝉鬓是曹魏时宫女梳的发型，把两边的头发梳得很高，像蝉的两个翅膀。女孩子要梳蝉鬓，但还梳不起来，也就是说这个女孩子还很小，让人产生一种少女稚气憨美的联想。

“春愁不上眉山”，少女是无忧无虑，没有愁的，可是词句的字面上有“愁”字，有“眉山”二字，那是写词的人太多情，把自己多愁的想象加了进去。“日长慵倚雕栏”，白天总是很长，天总是很蓝，小姨子还是少女，慵懒地靠在栏杆旁边。如果你经历过暑假那种慵懒美好和天真烂漫，就知道一十二三岁少女的美好样子，也不知道那些没有寒暑假只有补习班的孩子们是否能感受到我们那种玩着玻璃珠吃着冰激凌，和小伙伴打打闹闹就一天的快乐日子呢？美好如暑假的时光，就是那种“走近蔷薇架底，生擒蝴蝶花间”。她还是个小孩子，对感情似懂非懂，看到蝴蝶在飞，一下子就兴奋地走近去捉，而且活捉住一只蝴蝶。这首词和爱情无关，写的完全是天真小儿女的嬉戏。

这个时候，未经世事的少女在嬉戏，潦倒不堪的旷世才子只有看到少女时候才能得到丝丝安慰。有她的地方，就有光；有她的地方，就有欢。

她在蝴蝶间嬉戏，他站在一边看着风景，她是他的风景，无关爱情，寓在言外。

哪天爱上这少女的呢？或许朱彝尊也不知道。

也许是在清顺治六年（1649 年），朱彝尊随岳父从练浦迁居王店，途中坐船经过钱塘江，朱彝尊和他的这位十三岁的小姨子似乎已经相互爱慕了。朱彝尊的《渔家傲》为证：“一面船窗相并倚，看渌水。当时已露千金意。”“千金意”，在当时是指“一诺千金”的承诺。只是露了千金意，而实际上，“相思了无益，悔当初相见”。

在朱彝尊眼里，妻妹冯寿常极其完美，他写词说，“易求无价宝，惟有佳人，绝世倾城难再得”。她极具才情，缝裳制笺，弹琴写诗，赏诗游戏，无一不精，且活泼、聪敏、机巧。朱彝尊与客人谈话，一时语塞，她妙语一出，轻松替姐夫化解了尴尬，颇有当年谢道韫为小叔子王献之解围的风范。

冯寿常，字静志，这个小字是朱彝尊所取。《两同心》中所记“洛神赋，小字中央，只有侬知”，冯寿常也爱好诗文书法，还临过王献之的《洛神赋》十三行残帖，这里边隐藏着一个甜蜜又悲凉的秘密：残帖中，“收和颜而静志兮，申礼防以自持”一句居前后各六行之中，故曰“中央”，这句指曹植见到洛水神女的时候虽动情，被她绝世的美貌迷醉得神魂颠倒，却始终“宁静心志，以礼自防”。现实中的曹子建据说喜欢哥哥曹丕的皇后甄宓，也被后世文人解读为洛神再生的女子，他需要以礼自持，即能发乎情止乎礼。

日后，朱彝尊也以“静志”二字自题所居，又以此写了整整一本《静志居琴趣》，足见其对这段感情的克制。

其实，若朱彝尊那时候已入授翰林，得朝廷宠遇，他喜欢小姨子也不是多了不得的事。姐妹二人共侍一夫，古来已有，也算不得出格。可他年近而立，却依旧潦倒。冯家已经搭上了一个女儿，难道还要继续“误”另一个女儿的终身吗？

那时候朱彝尊江湖飘零，在《百字令·自题画像》也曾自我慨叹：“四十无闻，一丘欲卧，漂泊今如此。田园何在？白头乱发垂耳。空自南走羊城，西穷雁塞，更东浮淄水。一刺怀中磨灭尽，回首风尘燕市。”穷苦飘零，以此画像抒发他的愤懑伤感。既然无法做到承诺，他就选择对小姨子克制。

这种克制，成就了《鹊桥仙》这首词。这首词也是怀念早期迷恋的情事之作。

鹊桥仙·十一月八日

一箱书卷，一盘茶磨，移住早梅花下。

全家刚上五湖舟，恰添了个人如画。

月弦新直，霜花乍紧，兰桨中流徐打。

寒威不到小蓬窗，渐坐近越罗裙衩。

此词用的词牌叫作“鹊桥仙”，一般人用此词牌多借七夕牛郎织女之故事说心中的情情爱爱。这个词牌中名句有宋代秦观的《鹊桥仙》“两情若是久长时，又岂在朝朝暮暮”。

我必须感到幸运，因为第一次听到这句“两情若是久长时”，不是来自语文课本，而是来自《倚天屠龙记》。孙兴饰演的杨逍和纪晓芙在客栈，保持克制没有同床，二人没有睡着，内心不知道有多少戏。这时候，杨逍翻身坐起，吹了吹窗上的浮尘，含笑望了望满天星辰，背对着战战兢兢的纪晓芙，念出了这一阕词。他念《鹊桥仙》，好像是念给繁星点点，好像是念给夜里微凉的晚风。他笑吟吟，如行云流水般念这首词，这词中离愁别绪的伤感被他一扫而空，还叫杨逍的形象变得更加有魅力。这是金庸小说原著没有的情节，这一版的改编，金庸评价颇高。

这句“两情若是久长时”，是“鹊桥仙”的正确打开方式。秦观表达的是没有在一起，却心心相印。杨逍表达的是同处一室却囿于名门正派弟子与明教人士、明明有缘无分却想抛弃一切在一起的潇洒和坚定。朱彝尊也用“鹊桥仙”，不似秦观，更似杨逍，没有“逍”的杨逍，没有武功也没有江湖地位的杨逍。

朱彝尊在此一词牌调下，白纸黑字写出“十一月八日”五个字，欲盖弥彰，越逃避，越在意。不想写七夕日的矛盾，绝对隐寓了他的矛盾暗恋。据杨谦所撰之《朱竹垞先生年谱》，清顺治十五年（1658 年）六月朱氏自岭南归，十一月八日移居梅里荷花池。朱氏的《风怀》诗中，也写了同妻妹一起“同移三亩宅，并载五湖航”。这首词，就是写朱彝尊与出嫁后的小姨子再度重逢，就在朱彝尊一家移居时，有一起同舟共载之机会。

此词开端数句，其所写者固为现实中的移居梅里之事。开头，只有“书卷”和“茶磨”，可见朱彝尊家徒四壁，也就这几件家当，也看得出朱彝尊就算一贫如洗，他最关心的是一箱书卷和一盘茶磨。也许是当初和小姨子一起，教小姨子读书练字用的书卷呢。

此行的目的地——“梅花下”。带上书卷，捎上茶磨，在梅花开处安个新家，还有什么能比这个更为称心如意呢！这样快乐的心情，怎么只是来自书卷和茶磨，梅花也不过是配角吧。重要的是全家都在，小姨子出嫁后也归来，所以可以“全家刚上五湖舟，恰添了个人如画”。

不过是贫苦生活的搬家，写得如此清雅脱俗，好像是范蠡携手西施泛舟湖上一样，主要是因为在舟上添了个“如画”之人。

十一月八日，“月弦新直，霜花乍紧”。众所周知，中国古代诗人总是那么“悲秋”，那么悲，那么惆怅。可是朱彝尊的这个秋天，却没有那么惆怅，因为能多看一眼那如画的人。一家人在船上，“兰桨中流徐打”，徐徐地走。

“弦月”不圆满，无奈看着小姨子嫁人。

“霜花”不温暖，毕竟无法给小姨子好生活。

“兰桨”不稳定，小姨子坐在身边，心情怎么会稳定？

“寒威不到小篷窗，渐坐近越罗裙衩。”小小船里“篷窗”的一角，竟然化生出了一个远离“寒威”侵袭的二人之间的小天地，可以“渐坐近”。

“越罗”是贵妇的装饰，“裙衩”是女子之形象，妻妹的打扮，就是一种强烈的吸引力。克制中，有一种忍不住想要逾越的向往。但这是全家都在的场合，众目睽睽，虽有强烈逾越之心，却不能逾越半寸。

这种强烈，和着打桨的桨声，还有心跳的声音合在一起，该是怎样的曲子？

如果写成音乐，又是怎样的绝唱？

许多年以后，这一幕还回荡在朱彝尊心中！他写了好多同舟的词，比如有“复振五代”美誉的《桂殿秋》：

思往事，渡江干，青蛾低映越山看。

共眠一舸听秋雨，小簟轻衾各自寒。

这一首情词，二十七个字，没有典故，也没有什么生僻语，看起来平平常常，却引起历来词论家的注目。短短的尺幅中，织进了词人缠绵悱恻的情思，描画出意中人的眉眼。

开篇“思往事，渡江干，青蛾低映越山看”，诗人以轻灵的笔触将思绪带回到那刻骨铭心的短暂旅途。“青蛾”，是妇女用青黛画的眉。杜牧的诗“镜敛青蛾黛”，比喻青山如黛。这词里用“青蛾”，一个是“青蛾”与“越山”互文见义，是朱彝尊乘船时所见的山，另一个自然是多少有为妻妹画眉的妄想。

“青蛾低映越山看”，青山目睹江水正托着一叶轻舟急速而逝。轻舟，为何走得那么快，难道不知道“我”是多么珍惜，多么希望留住这同船渡的时间。

这首词，记录的只是短短的旅途而已。在人生的漫长旅途中，这一段旅途太短暂，转瞬即逝，但却刻骨铭心。不论过去多久，朱彝尊总能清晰记得那一晚的每一个瞬间。在以后人生每一次路过渡口路过江边时，总会想起那一段同船的光阴。白天游船的时候，她洁净的脸庞与青山绿水相辉映，眉尖微蹙。愁在妻妹的眉头，更愁在朱彝尊的心头。

“共眠一舸听秋雨，小簟轻衾各自寒。”天渐渐黑了，此时灰暗的天空又忽然飘洒着凄凉的秋雨，二人同船，发乎情止乎礼，像纯爱电影——一整夜，听滴滴答答的雨水敲在船篷。竹席衾被单薄，各自坐着默默地忍受着严寒，不敢靠近。

壮阔的江面上有一艘飘摇的小船，笼罩着雨打船篷的孤寂和独坐的距离。“共眠一舸听秋雨”，那秋雨绵绵是孑然一身的凉意，本身这秋雨的凉已经是叙说心底的凉，可是面对妻妹，你我相见不能相爱，是各自寒。“小簟轻衾各自寒”，这是心底的寒，是一种空间上的隔绝和距离，却恰到好处地说出了什么叫作“求之不得，寤寐思服”，什么是两个欲爱不能之人的心灵痛苦。

距离产生美，隔绝感使朱彝尊想念的欲望愈发强烈。

二十七字，写出难以用语言表达的丝丝愁绪、缕缕落寞。如此痴爱之写，却又不见字面直露，全在一“看”、一“听”、一“寒”中传出；而全部复杂难言之心绪也仅凭一“共”、一“各”字之相对观照间抽引，诚是不凡之圣手。

谭献《箧中词》评“单调小令，近世名家，复振五代、北宋之绪”。况周颐《蕙风词话》卷五说：“或问国初词人当以谁氏为冠？再三审度，举金风亭长（朱彝尊号）对。问佳构奚若？举《捣练子》（即《桂殿秋》）云。”

此词历久弥新，定格到今天每个人心中的，也许就是朱彝尊的浓浓痴情吧。

小姨子出嫁后，还可以在回娘家归宁时候再见。可是重逢过后，是漫长到再也没有归期的别离。

自此，他看她嫁人生子。他依旧辗转各地，教书、写诗，生活中似乎再无惊喜。那些夜半无人的私语、心照不宣的秘约，皆化作了午夜梦回时的悲泪两行。

直到有一天，听见她的噩耗，他的整个世界全部坍塌。

冯寿常，静志，可怜她天命难隽，或者说情深不寿，在三十三岁时离世。

“旧日回廊，剩枇杷一树，花下小门闭。”回忆和思绪寄托在在旧日的回廊和枇杷树上。

他的余生，所有情思，都用来回忆。

次年，他为她整理写就的《静志居琴趣》问世，他们的爱情终于大白于阳光下。他写长诗《风怀二百韵》，只为怀念她。

很多年后，朱彝尊年逾古稀，友人劝告删去文集《曝书亭集》中的《风怀二百韵》一篇，以其研究经史无与伦比的成就与地位，死后可入文庙享万世供奉。面对古时文人追求的至高荣誉，朱彝尊犹豫过，“欲删未忍，至绕几回旋，终夜不寐”，然而最后，为了留下这段刻骨爱恋的纪念，朱彝尊甘冒礼教世俗的谴责，最终他说“宁拼两庑冷猪肉，不删《风怀二百韵》”。可以想象朱彝尊说出这句话时，该有多大的勇气。宁愿负上一个不遵礼教的罪名，也不愿意删去这句句凝聚着他早年情事的诗篇。

朱彝尊太执拗，又太坦诚；太克制，又太叛逆。一往情深，克制一生，痴情不变。爱了，写了，不隐瞒，不遮掩，不删《风怀二百韵》，坚信人间美丽的爱情是值得认真记录、认真纪念的。

不管经过多少年，彼时就算老眼昏花、皮肤松弛，也能在这一场春雨里重新获取活力，抚平时间的褶皱：她依然是顾盼生辉的红颜，他依然是白衣翩翩的少年，永不老去。

还好，没有删除那些克制着的情词，让“词”这个文体再不只是酒席间流连歌女的消遣唱词，也不再是被人瞧不起的“小道”。

朱彝尊用一段暗恋，成就了“词”的新天地。

知音人纳兰性德

被况周颐《蕙风词话》赞为清一代压卷之作的《桂殿秋》，当年就流传到了京城。

《桂殿秋》传到了纳兰性德的手中，他看着那几句：

思往事，渡江干，青蛾低映越山看。共眠一舸听春雨，小簟轻衾各自寒。

纳兰公子被这些句子吸引住了，连带着被整本《静志居琴趣》迷住了。

他感慨世上竟然还有和自己一样至情至性的男子。他也看到了：词，不再只是歌筵酒席上的片刻欢娱，而可以是刻骨的爱，无休无止，绵绵无绝。

这首词不只是让纳兰性德感动，也让他思考："词"，为什么本以为不过是艳科小道，因为那些情情爱爱的篇章本来就是歌筵酒席上的产物，再真挚的感情也无非带着消遣，无非是那一些欲，但《静志居琴趣》却是用毕生的爱去写就的，情感波澜壮阔，让人生不出一丁点儿的邪念，只有纯爱。

这样的词，决不是艳科小道！

词，诞生在隋唐燕乐，一开始就是伶工之词，写给花间女子助兴传唱，传在青楼，在秦楼楚馆和王公贵族的府邸。最早的词集不过是娱乐场所点歌的歌词本罢了。南宋以后，南戏和北曲兴起后，词也竞争不过它们了。再后来，歌女和文人都忘记了词牌的乐谱，古老的词谱失传了。填词，不过是填出来却唱不出来，音乐没有了，词终于变成了诗，退回到文人的书斋里了。词不再借着歌女们曼妙的歌喉流传人间，而是刻成版、印成书，在纸面上无声地传递。整个明朝，词，是被遗忘的文体。

那么，词，可不可以有些改变呢？不再奢华，不再逢场作戏。

十八岁的纳兰公子被朱彝尊的词所感动，他很想认识朱彝尊，人生难得知音。

他看到朱彝尊《江湖载酒集》里的《百字令·自题画像》，希望成为他的知己。

菰芦深处，叹斯人枯槁，岂非穷士？剩有虚名身后策，小技文章而已。四十无闻，一丘欲卧，漂泊今如此。田园何在？白头乱发垂耳。

空自南走羊城，西穷雁塞，更东浮淄水。一刺怀中磨灭尽，回首风尘燕市。草屦捞虾，短衣射虎，足了平生事。滔滔天下，不知知己是谁。

“滔滔天下，不知知己是谁”，这个穷途末路、潦倒一生的朱彝尊在这般处境下仍然奢望着知己，这恐怕是传统文人最纯真的渴望了。“四十无闻”“白头乱发垂耳”，已经“空自南走羊城，西穷雁塞，更东浮淄水”了。但是，这次，他是幸运的，遇到了知音纳兰性德。

纳兰性德，清词三大家之一，他的词至今仍滋润着有古典诗词情怀的图书市场。他论词主情，崇尚入微有致，他的情词低回悠渺，执着缠绵，这些也许都是受到知音朱彝尊潜移默化的影响吧。

“弱德之美”

古代的词人，要么把词作献给逢场作戏的欢场歌伎，要么把词作寄托于虚无缥缈的梦中情人，写情写爱的作品尽管很美很艳，可多是轻飘飘触不到内心深处。真正描写刻骨铭心的词作，大多只在悼亡词中以单独篇章出现。

唯有朱彝尊的《静志居琴趣》，一部词集，几十年如一日，白描情感世界，只描述自己对一个人的情。

朱彝尊这一卷的情词，是非常与众不同的，因为他所写的是他不被世人所原谅、不被世人所接受、不合乎人伦道德的爱情。

叶嘉莹先生为此创造一词——“弱德之美”。

德有很多种，有健者之德，有弱者之德，这是叶嘉莹先生自己假想出的一个名词。叶嘉莹先生说：“它是有一种持守，它是有一种道德，而这个道德是在被压抑之中的，都不能够表达出来的，所以我说这种美是一种弱德之美。”“弱德之美不是弱者之美，弱者并不值得赞美。‘弱德’，是贤人君子处在强大压力下仍然能有所持守有所完成的一种品德，这种品德自有它独特的美。”

朱彝尊与妻妹之间这种“弱德之美”就维持了相当长的一段时间。“洛神赋，小字中央，只有侬知。”感情之河，莫知其广；感情之水，难测其深。然而在那最深的河心——文字中央，却有恒久的等待与坚忍的抑制。

“收和颜而静志兮，申礼防以自持。”

正像学者叶嘉莹所指出的那样，朱彝尊的这段恋情“是在传统礼教的压抑与限制之下的，因此遂使得朱词在叙写本事之时，自然形成了一种曲折沉抑的姿态。朱彝尊的这些词，乃是真情与曲笔的一种微妙的结合，而其‘情’之所以‘真’，‘笔’之所以‘曲’，则正都是因为其所写者乃是一件既足以令人蚀骨销魂而却又充满了难言之处的爱情之本事”。

《静志居琴趣》之所以婉转含蓄，也许并非出于朱彝尊创作的本意，可是这情感不被人接受，暗恋的对象就在眼前却需要克制，这些不得已，成就了朱彝尊词的表现手法。

暗恋小姨子，成就弱德之美，成就清词新天地。

感谢朱彝尊的这段暗恋。

第五辑

纳兰性德：翩翩浊世佳公子

有人从《饮水词》认识他；

有人从《红楼梦探源》认识他；

有人从《七剑下天山》认识他；

也有人因为安意如认识他；

更多人从《寂寞空庭春欲晚》《烟花三月》《康熙秘史》等戏说古装偶像剧里认识他……

他就是纳兰性德，清朝第一才子，清词三大家之一，康熙御前带刀侍卫，宰辅权臣纳兰明珠的公子。翩翩浊世佳公子，三百年来，无数少女为之怦然心动，心向往之。

生平：高配版贾宝玉

纳兰性德，生于清顺治十二年（1655年），满洲正黄旗人，叶赫那拉氏，妥妥贵族，字容若，号楞伽山人。

最初名为纳兰成德，为避当时太子“保成”的名讳，改名纳兰性德。一年后，太子改名为胤礽，于是纳兰性德的名字改回成德。性德，这个名字其实才用了一年多。可是我们却约定俗成，更爱称呼他为纳兰性德。也许，性德比成德显得有少年感，显得有文人的“真”和“性灵”，所以，我们自然而然选择这个更加符合他人设的“纳兰性德”这个名字。

成德，也许来自《周易》，“君子以成德为行，日可见之行也”；也许来自《宋史》“惟恕可以成德”；也许来自朱熹的《论语集注》：“言学者当损有余，补不足，至于成德，则不期然而然矣。”都是那种对儿子德行美好的期盼，却是少了一丝丝“性灵”的少年感。

纳兰性德属叶赫那拉氏，和出现在各种清代穿越小说中的常见人物“女真第一美女”东哥格格同族，也和清末慈禧太后同族。“纳兰”二字，其实就是“那拉”二字的不同叫法。可是“纳兰”虽然和“那拉”一样是音译汉字，却多了几番风情。纳，是吐纳，还是海纳，有一股大气感；兰，又自有一番清幽的感觉。叫作纳兰而非那拉，这位公子的姓，就多了几分满汉融合之幽魅，而不是简简单单的满汉音译。

纳兰性德，名字大气而清幽细腻，又保持“性灵”的少年感，确实用在一位诗人、一位情种、一位翩翩浊世佳公子身上再合适不过。或许这也是后世更倾向用这个名字的原因吧。

纳兰公子的爸爸，是康熙年间权倾朝野的“相国”纳兰明珠。家族那拉氏隶属满洲正黄旗，为清初满族最显赫的八大姓之一，即后世所称的“叶赫那拉氏”。纳兰性德的母亲，是爱新觉罗家的女儿，为英亲王阿济格之女，阿济格又是顺治朝摄政王多尔衮的哥哥。

纳兰性德的曾祖父名金台什，又译金台吉，叶赫部落贝勒。他的妹妹孟古在明万历十六年（1588 年）嫁努尔哈赤为妃，生皇子皇太极。他的侄女东哥，有“东方海伦”之惊世之美。这位“女真第一美女”美丽名扬各部，引无数英雄竞折腰，加上叶赫部公主的地位，注定成为政治砝码，有“一女亡四国”的传奇。努尔哈赤向明王朝宣战的“七大恨”中，其中一恨就是因为东哥。他认为明朝廷偏帮叶赫部，使该部将本来许配给自己的东哥转嫁蒙古（“明越境以兵助叶赫，俾我已聘之女，改适蒙古，此恨四也”）。第二年八月，努尔哈赤用同样的理由灭掉了叶赫部。纳兰一族，似乎就是和这种美丽多情的传奇连在一起，而且，东哥的传说和历史记载，涉及妖女亡国的评价并没有多少。也许，失败者喜欢将失败理由归为女祸，可是成功者从来不需要如此。所以无论是文学作品和各类传说中，爱新觉罗家对女人深情的情种真的不少，比如努尔哈赤和东哥、皇太极和海兰珠、多尔衮（纳兰性德舅爷）和孝庄、顺治皇帝与董鄂妃。哪怕乾隆皇帝也有对孝贤皇后的深情。这个民族，也许更接近近现代。后世在对清朝女性的抹黑上，比前朝少了许多；对清朝男性深情的赞许，也多了许多。纳兰公子，他的深情，只会让安意如等人用笔传倾于人间了，而在纳兰之前的古代，男人爱女人，估计是不入流的。

从出身看，他的一生注定是富贵荣华，繁花似锦，还带着骨子里遗传的情种基因。也许是造化弄人，遗传到了豪门却没有“帝高阳之苗裔兮”的自豪感，纳兰性德偏偏是“虽履盛处丰，抑然不自多。于世无所芬华，若戚戚于富贵而以贫贱为可安者。身在高门广厦，常有山泽鱼鸟之思”，遗传到情种基因，却是叫他深情一生，情深不寿，英年早逝。

纳兰性德虽然只在人世短短三十一年，却活出了被世人羡慕的一生。十七岁，他入太学读书，享受大清最好的教育，顺便遇见徐文元，被徐文元赏识，推荐给他的哥哥即内阁学士礼部侍郎徐乾学。

十八岁参加顺天府乡试，学霸纳兰性德就考中举人。也许是命太顺，在他十九岁准备参加会试时生了一场大病，没能参加殿试。错过了这次机会后的数年，他更发奋研读。

发奋学习的纳兰性德不是衡水一中和毛坦厂的应试模式，他在徐乾学的指导下，两年内主持编纂了一部一千八百卷的儒学汇编——《通志堂经解》，这大约是现在教授才做的事。这让他得到了康熙皇帝的赏识，也为今后被上司赏识的职业生涯发展打下了基础。

他顺便又把熟读经史过程中的见闻和传述记录整理成文，用三四年时间，编成四卷集《渌水亭杂识》，其中包含历史、地理、天文、历算、佛学、音乐、文学、考证等方面知识。

这种成就，简直是理工男中的文艺男、诗人中的科学家，宗教学中的中科院、中科院里又开了音乐系。相门公子，不好好做官，居然搞出这么多东西，真的是做到了跨越古今几百年的迷人和有趣。

纳兰性德二十二岁时，再次参加进士考试，考中二甲第七名。康熙皇帝破格授他三等侍卫的官职，以后升为二等，再升为一等。作为皇帝身边的御前侍卫，能文能武的他以英俊威武的武官身份参与文艺的诗文活动，还随皇帝南巡北狩，游历四方，奉命参与重要的战略侦察。能唱和诗词，还能译制著述，皇帝自然非常喜欢这个同龄人。他文武兼备，年少英才，还是帝王器重的随身近臣，前途无量的达官显贵。从能力看，如果不是早逝，他也许能和父亲纳兰明珠的官位接近；可是从性格看，他应该不会达到，也许他会自己选择离开官场。

毕竟，若以才华媲美，那么男人美，需要不自知。带着清贵的纳兰性德，实际上，内心深处厌倦官场庸俗，无心功名利禄。虽“身在高门广厦，常有山泽鱼鸟之思”，他的才华应该在文，不在官场，才能千古留清名。今天我们看他，诗文都很出色，尤以词作杰出著称于世。

最受人欢迎的，是他二十四岁时的个人词作集，名为《侧帽集》，又著《饮水词》。因为受人欢迎，自然有人将两部词集增遗补缺，共三百四十九首一起编辑到《纳兰词》里。传世的《纳兰词》其实在康乾时就享有盛誉，不仅得到文化和学术圈的高度评价，还很接地气，有井水的地方，都有人唱《饮水词》。二十世纪有名的国学大师梁启超与王国维都有经典评价，梁启超评价其是“清初学人第一”，作为学者达到无人企及的地位；王国维认可其“北宋以来一人而已”。

到今天，北京后海宋庆龄故居里，有两棵明开夜合花，那是三百多年前，纳兰公子亲手栽种的。后海依旧歌舞升平，除了我这种俗物玩乐者，还有窦唯、廖一梅等才子才女继续写传世的作品。冥冥之中，从当年的纳兰性德，到今天的窦唯、廖一梅，北海真是激发人创作的地方呢。

高配版贾宝玉：精致的淘气与精致的狂

清朝乾隆末年，有一本小说悄然流行，那就是《红楼梦》。

有多火，洛阳纸贵都不能形容，据说当时抄本可以卖到几十金。连皇帝也看这本书。

和珅送《红楼梦》给乾隆皇帝看，乾隆皇帝一看，说，这不就是纳兰明珠家的事嘛。

不只是乾隆皇帝，清代许多人认为贾宝玉的原型就是纳兰性德。很多闲话笔记记录都这么说——“红楼梦一书脍炙人口，世传为明珠之子作，明珠之子何人也？余曰，明珠之子，名成德，字容若。”（清·俞樾《小浮梅闲话》）

纳兰性德与《红楼梦》有没有关系呢？这无法考证。只能说，清朝人说清朝事，还是比现在人靠谱。现代人谣传《红楼梦》是吴梅村或者冒辟疆写的，那才是可以马上否认的。

纳兰性德和贾宝玉，至少有许多相似之处。

可是纳兰性德和贾宝玉又是那么不同，也许说他是高配版贾宝玉才合适。

论相同，他们都是富贵公子，一样有贵气，有少年感。

不过纳兰家应该比贾家更富贵。纳兰家是正牌的皇亲国戚，绝对的贵族世家，按亲属关系来说，纳兰性德是康熙皇帝的表弟。这出身，这家世，比贾家、比贾宝玉可说是高了许多。若是代入《红楼梦》相比，纳兰性德，应该是接近北静王级别了。

在仕途中，纳兰性德是一路顺风，这与鄙视仕途经济的贾宝玉完全不同。可也有些一样，毕竟纳兰性德是一边仕途顺利，一边心在江湖。另一方面，我们也不能否认，贾宝玉其实也天资过人。只要他稍微用点心，考考科举什么的也是一定能行的。

要说不同，也许是相比贾宝玉那“精致的淘气”，纳兰性德是“精致的狂”，似乎更高级。

“德也狂生耳！偶然间、缁尘京国，乌衣门第。”

淘气是少年感，狂也是少年感。

纳兰性德，本是追求肆意、放任自流，却生在王谢之家，乌衣门第。

“狂”，是纳兰性德的自诩，颇有李白“我本楚狂人，凤歌笑孔丘”的味道。

“狂”，常常被当作肆意。比如当一个大臣想要对皇帝作急切的批评时，便会自称“狂夫”，如魏征对唐太宗说“狂夫之言，圣人择焉”。

任情而发、不遵规度的生活态度，可以自称是“狂”，李白说“我本楚狂人，凤歌笑孔丘”。二者结合起来，再考察纳兰性德的诗词，也是一片真诚、性灵、自然，他被视为人生价值尺度的“狂”，是“循规蹈矩”的反义词。

当然贾宝玉，也是“循规蹈矩”的反义词，更接近淘气。

“精致的淘气”，系《红楼梦》中贾政对贾宝玉的训话。贾政毫不客气，指责家族私塾偏离正统，子弟倒只念了些“流言混言”，学了些“精致的淘气”。当今一些父亲如此说儿子，一来类似有些埋怨儿子为何不学考纲所规定内容，却成天看金庸武侠小说或《哈利·波特》；二来，其实也是带有昵称的欢喜，毕竟“我”家孩子看的书品味也不错。这种心情，始终贯穿父子关系。

这种“表面训斥内心欢喜”的父子关系，最大的体现就是在“大观园试才题对额”里。大观园开放，贾政让宝玉题额对联。宝玉就跟随贾政众人题额对联了十几处，如“曲径通幽处”“沁芳”“绕堤柳借三篙翠，隔岸花分一脉香”“有凤来仪”“宝鼎茶闲烟尚绿，幽窗棋罢指犹凉”“稻香村”“新涨绿添浣葛处，好云香护采芹人”“蓼汀花溆”“蘅芷清芬”“吟成荳蔻才犹艳，睡足酴醾梦也香”“红香绿玉”等。

宝玉题额对联时，贾政贬多褒少。曹雪芹写得惟妙惟肖，形神兼备，意味深长：“不可谬奖。他年小，不过以一知充十用，取笑罢了。再俟选拟。”“贾政拈髯点头不语。”“贾政听了，点头微笑。”“他未曾作，先要议论人家的好歹，可见就是个轻薄人。”“休如此纵了他。”“畜生，畜生，可谓‘管窥蠡测’矣。”“也未见长。”“无知的业障！你能知道几个古人，能记得几首熟诗，也敢在老先生前卖弄。你方才那些胡说的，不过试你的清浊，取笑而已。你就认真了。”“无知的蠢物。你只知朱楼画栋，恶赖富丽为佳，那里知道这清幽气像。终是不读书之过。”“更不好。”“贾政听了，更批胡说。”“谁问你来！”“怎么你应说话时又不说了？还要等人请教你不成！”“谁按着你的头，叫你必定说这些字样呢？”……

说这些时候，贾政其实内心是欢喜的、得意的。这可不是我这后人胡乱猜测，是脂砚斋批在红楼梦正文一边的。

当然，若是你深谙21世纪以前的中国父子关系，这些对话太容易叫人知道中国式的父子的日常了。实际上，对于亲密的人，我们才是这种方式，对于讨厌憎恨的人，才不是如此。对于不亲密的人，我们才称呼“亲”。

和“精致的淘气”相对的，是“精致的利己主义者”，这系钱理群教授的名论。钱先生振聋发聩，揭示现代教育追逐功利。每当看到“精致的利己主义者”一词，耳朵边立马就响起黑豹乐队在《无地自容》中的那句“装着正派，面带笑容”。

试想，若是一个翩翩少年沉迷“精致的利己”，着实让人倍感“后生可畏”。

又想，一个懵懂少年热衷于“精致的淘气”，反倒令人觉得“孺子可教”，还“可爱”。

可是，这个淘气，虽然很可爱，多少有被父亲压制的“畏”。若是可以更自由，那才是纳兰性德的“狂”。

自称“狂生”，显示出纳兰性德对自己真性情的自豪。会投胎，一出生就是八旗子弟那富贵坦途，他享受却不依赖。一方面，他文武双全，是真才子，被年龄相仿的康熙赏识，选为近身侍卫。另一方面，他谦谦君子，温润如玉，与江南名士相交。有意或者无意，他作为清代贵族的代言人，赢得了江南名士、明朝遗民的心。

所以说，纳兰性德，是高配版贾宝玉。不只是家世和才华，更是少了压制，少了怕父亲的“畏”，更放任自流，是“狂”。也许贾宝玉多一些成长过程，说不定就是纳兰性德，当然，世界上没有“也许”。

无论是狂还是淘气，二人都带有一点点离经叛道。这是二人最讨人喜欢、也是最受人尊敬的地方——他们都不是“精致的利己主义者”。中国传统文化里的糟粕，也许并不是那些维护等级制、培养听话奴隶为目的的道德教条，而是表面学着文化经典提倡的行为，实际上只拿这些混个功名利禄，转眼间翻脸无情。

纳兰性德和贾宝玉，都是可以抛弃讨人厌的、只保留讨人爱的部分，所以三百多年来，民间粉丝不断，学术上也有红楼梦的“红学”和纳兰性德的“兰学”。

金缕曲唱不尽挚友情

“我”交朋友不看家世好不好，反正都没有“我”好。

翩翩浊世佳公子，情真意切，必定是对朋友献真情，交朋友，自然不看门第，如纳兰性德的名作自诩。

《金缕曲·赠梁汾》

德也狂生耳！偶然间、缁尘京国，乌衣门第。有酒惟浇赵州土，谁会成生此意？不信道、遂成知己。青眼高歌俱未老，向尊前、拭尽英雄泪。君不见，月如水。

共君此夜须沉醉。且由他、蛾眉谣诼，古今同忌。身世悠悠何足问，冷笑置之而已！寻思起、从头翻悔。一日心期千劫在，后身缘、恐结他生里。然诺重，君须记！

这首词可以简单理解成，像“我”这种放纵不羁爱自由的人，只是无奈生在高官家庭罢了，“我”期待和江湖上的你们成为好友。

当然，“王思聪体”只是我今日的笑谈罢了，应该细细品这首词。

梁汾，是清词人顾贞观的号。清康熙十五年（1676年），年仅二十二岁的纳兰性德与四十多岁的顾贞观结识。少年和大叔相见恨晚，倾吐肺腑之言。纳兰性德面对顾贞观，开始轻视自己的出身太好、地位太高，更只强调自己天生痴狂的一面。出身好地位高又不是“我”的错，只是恰巧，所以，顾先生千万不要因此嫌弃“我”。“偶然间”三字，就是表明自己如今所取得的荣华富贵真的不是“刻意”，言外之意是希望出身寒门的顾贞观能够理解他，以常人对待他。这才是真正富贵公子的做派，久贫乍富的人，基本上都会吹嘘自己的地位，或者彰显自己的钱财，那是暴发户行径。接下来纳兰用李贺《浩歌》“买丝绣作平原君，有酒惟浇赵州土”成句，进一步表明自己仰慕平原君的人品，希望像战国时期平原君那样招贤纳士。

“青眼高歌俱未老”，化用杜甫“青眼高歌望吾子，眼中之人吾老矣”。“青眼”这个梗，说的是“竹林七贤”的阮籍，他放浪形骸，看到俗人就翻白眼，看到同道人、知音人就青眼相加，“青眼有加”这个成语就出自这个典故。纳兰性德这里用青眼对待顾贞观，希望二人可以青眼相加，以知己视之。

此刻，月光正好，你我都未老，那么不应该在这种适合饮酒的时候悲叹和流泪。

到下阕，作者对“蛾眉谣诼”的社会现实表示愤怒。这么好的夜色，只该开怀痛饮，管那些小人如何在背后议沦。木秀于林，才高招忌，都是古往今来改变不了的。自己的人生遭际不用在意别人的眼光，对那些不怀好意的探询，冷笑以对。别低头，皇冠会掉；别在意，敌人会笑。重要的是过好自己的生活，快乐着自己的快乐。若在意，那只能到某天，当自己思量往事的时候，才觉得有多少悔不当初。

请记得，今日和你一朝相逢，友谊天长地久，生生世世不 绝。

请你一定记得，今天“我”对你的郑重承诺。最后，作者立誓，让两人的友谊经历千劫，延至来世。

这首词的语言直抒胸臆，披肝沥胆，激发至情。

徐轨认为：“词旨嵚崎磊落，不啻坡老、稼轩。”当时脍炙人口，“都下竞相传写”。

清初，满汉民族矛盾尖锐。纳兰性德对汉族文人、明朝遗民却诚倾肺腑。

他是真心和顾贞观交往，甚至受顾贞观之托援吴兆骞入榆关，这段佳话传诵不绝。除了生死之交的顾贞观外，他还结交朱彝尊、姜宸英、严绳孙、陈维崧、秦松龄等坎坷失意之士。

实话说，施恩者和受恩者之间很难有真正平等的友谊，但是纳兰性德和顾贞观可以做到平等友情，这也是这位翩翩浊世佳公子的难得之处。

纳兰性德和顾贞观的交情，除了纳兰性德的《金缕曲》，还有顾贞观的两首《金缕曲》为证。

其一：

季子平安否？便归来，平生万事，那堪回首，行路悠悠谁慰藉，母老家贫子幼。记不起，从前杯酒。魑魅搏人应见惯，总输他，覆雨翻云手。冰与雪，周旋久。

泪痕莫滴牛衣透。数天涯，依然骨肉，几家能够？比似红颜多命薄，更不如今还有。只绝塞，苦寒难受。廿载包胥承一诺，盼乌头马角终相救。置此札，君怀袖。

其二：

我亦飘零久，十年来，深恩负尽，死生师友。宿昔齐名非忝窃，只看杜陵消瘦，曾不减，夜郎僝僽。薄命长辞知己别，问人生到此凄凉否？千万恨，为君剖。

兄生辛未吾丁丑，共此时，冰霜摧折，早衰蒲柳。词赋从今须少作，留取心魄相守。但愿得，河清人寿！归日急翻行戍稿，把空名料理传身后。言不尽，观顿首。

这两首词叙述他和多年的老友，另一位江南大才子吴兆骞的友情和对身处流放地的好友的怜悯。

你近来可好？哎，只怕你即使逃离那苦寒之地回来，回首这一生令人悲伤的事，又怎能够承受生命之重。你流放的路，是那么遥远。不知路途上，可有谁来给你安慰？你一定惦记着在贫困度日的母亲和孩子。回忆当年，我们把酒相欢，你也许记不得了。那些邪恶的小人，翻手为云覆手为雨，搞得你一生如此可悲，我们怎么能斗得过这命运和小人呢？你应该早已对这些见惯不怪了。现在，已早就和关外的冰雪、人生的冰雪短兵相接，周旋很久了吧！

听说你的妻子也去了宁古塔与你患难相共。希望你不要太悲伤，让眼泪把化作被子用的牛衣滴透。数数看，这里，远离故土的，大半个中国，又有几家能够齐齐整整团聚？可怜你不过是红颜多命薄，但究竟还留得青山在。“我”最牵挂关外太冷，怕你受不住。曾许诺，“我”要在二十年内一定设法救你，即使希望像乌鸦变白头、马头生出角一样不可能，“我”也定像楚国的申包胥一样，用自己的血泪和生命来实践“我”的诺言。

这封信放在你的衣袖里面，好好珍藏，愿陪你度过关外苦寒，随君直到宁古塔。

“我”亦江湖飘零久，江湖漂泊十年，早就辜负了当初师友对“我”的期望和厚爱。

他们之中有的人已经死了，有的人还活着。过去“我”和你在诗坛上一样有名，“我”想“我”不应配不上你的诗名。看你像李白一样被流放到夜郎，而“我”不也是像杜甫一样穷愁潦倒吗？你“我”遭遇，好像也差不多。

“我”妻已长辞了，“我”的好友你也与“我”分别，人生在世，遭到如此不幸，是“我”最伤心的事，“我”只能把心中万千的愁绪与你倾诉。你生在辛未年，“我”生在丁丑年，“我”们几乎同时被生活欺负，就像蒲柳被冰雪欺负，身心早衰弱枯萎了。今后，少作点诗吧，太消耗心力，“我”更愿你健康长寿，挺住，等待回到中原。

等到你回来，赶快把那流放路上写的诗稿整理出来。这是虚名也许没什么意义，你也不大在意，只是在身后留下点东西罢了。

千言万语说不住，向你，遥遥顿首，当是“我”的敬意。

纳兰性德并不认识吴兆骞，吴兆骞遇难时，纳兰性德才三岁。那是清顺治十四年（1657 年）的一场震惊朝野的“南闱科场案”，吴兆骞正是这年科举中考中的举人。可是，这场考试后谣传这场科举有作弊行为，顺治皇帝闻后怒火中烧，当即下令绞死十七位考官，并将所有中举之人悉数缉拿，披枷锁、戴刑具进京复试。复试时，每个晋级的中举者，左右都有皇帝派来手持钢刀的士兵来“监考”。据说，吴兆骞哪见过这阵势，战栗不已，试卷竟然都没做完。还有一个说法是，出身文官世家，九岁能作《胆赋》、十岁写就《京都赋》，少年便声震文坛的吴兆骞，感觉这是一种侮辱。他傲睨一切，不甘受此大辱，也不甘心蒙此冤，当场负气交白卷，可惜这却让他错失了最后自证清白的机会。亲自监考的顺治皇帝被吴兆骞不适时宜的清高彻底触怒，以“不学无术”之名把吴兆骞治罪，发配到宁古塔充军。

今天看清宫戏，经常看到“流放宁古塔”，都明白这对从小在江南长大的吴兆骞是一场苦刑。顺治皇帝定调的案子，无人敢翻案，到了康熙年间，依然是“铁案”。可怜吴兆骞被流放塞外时才二十九岁，一晃就待了二十余年。期间他不断地求助昔日的老友，可那些无法自保的汉族士大夫无人敢出头为他求情，甚至包括他早年认识的江南同乡、在康熙朝已飞黄腾达的徐乾学、徐元文兄弟。

吴兆骞只被顾贞观惦记。

两阕《金缕曲》无一字不发自肺腑，他的忘年交纳兰性德更是被震撼得数度垂泪。纳兰性德本就是容易感怀的人，决心以十年的时间来“以身任之”，营救他不认识的吴兆骞。可人寿几何，顾贞观乞求纳兰性德能以五载为期，他多久都能等，只怕远方的人在冰霜摧折里再等不到归期。纳兰性德又是满眼泪水。

清康熙二十年（1681 年），经纳兰性德帮忙，顾贞观、徐乾学等诸多友人营救，特别是徐乾学积极帮忙集资两千两银子，吴兆骞以认修内务府工程名义赎罪放还。

当年的青春少年，如今已是白发苍苍。吴兆骞是幸运的，有顾贞观数十年如一日牵挂，更有大清第一佳公子帮助。

“绝塞生还吴季子，算眼前、此外皆闲事。知我者．梁汾耳。”
《金缕曲·简梁汾》

什么话都不用说，这就是纳兰性德对顾贞观的情，是知己的感情，绝不是施恩者的模样。

算来如此，才是大清第一佳公子的友情。如此佳公子，才可以帮清廷征服一帮汉族文人。

大清国应该会为有此佳公子而感到幸运。

爱情叫他情深不寿

纳兰性德，一辈子遇到三场爱情，情深不寿，耗尽了一生福气。

初恋：人生若只如初见

第一次是初恋。纳兰性德与表妹的感情，历来也被当作是宝黛爱情的原型。表妹入宫成为帝妃，导致二人分开。这个传说也让不少人猜测《红楼梦》中宝黛的分开是因为林黛玉嫁给北静王这种王室成员。

后人也有猜测，纳兰性德的初恋对象是他的丫鬟。到底是表妹还是婢女，这无法考证，可是我们可以在他的词中看出他对初恋得不到的巨大烦恼——“枕函香，花径漏。依约相逢，絮语黄昏后。时节薄寒人病酒，刬地梨花，彻夜东风瘦。掩银屏，垂翠袖。何处吹箫，脉脉情微逗。肠断月明红豆蔻，月似当时，人似当时否？”

花径深处露着春光，枕头上，留有余香。与初恋在黄昏时相约，喃喃细语，情意绵绵，那是当初的好时光。可惜欢庆敌不过寒潮，东风恶，彻夜吹，摧残梨花满地。她在闺房里，掩着屏风，青绿色的衣袖低低垂下，脉脉传情的箫声似是欲说还休。这段颇有林黛玉葬花吟的味道，也是纳兰性德和表妹常被当作宝黛爱情原型的原因。

“肠断月明红豆蔻”，用红豆来写两情相悦，这里写黄昏下相依，在悄悄说着情话，表现的是初涉爱河的微妙感情。月光照在院中的红豆蔻上，那红豆蔻无忧无虑开得正好。

“月似当时，人似当时否？”

想到曾与她同处在月下的情景，而如今月色依然，人却分离，她还依稀如初么？

这句，拿来写现在的初恋，也是可以叫人感动的吧。

“月似当时，人似当时否？”是纳兰公子穿越古今的好句子，值得我们背下。

当然，更著名的是那句“人生若只如初见”，因为安意如，有段时间成为流行语。那句来自《木兰花令·拟古决绝词》。

人生若只如初见，何事秋风悲画扇。等闲变却故人心，却道故人心易变。骊山语罢清宵半，泪雨零铃终不怨。何如薄幸锦衣郎，比翼连枝当日愿。

人生如果都像初次相遇那般该多美好，那样就不会有现在的相离相弃、凄凉之苦了。

“人生若只如初见”，只是因为在人群里多看了你一眼，所有的惊鸿一瞥定格在脑海里那诗意的一层，那是念念不忘的美好画面。

如果，一切都将保持最初的好奇和新鲜状态，那将多么美好！果真如此，又怎么会“悲画扇”呢？纳兰性德的这句词，极爆婉转伤感之韵味，短短一句，千言万语。

就算没有遇见两情相悦的爱情，普通人也经历过暗恋，特别是青春年少时爱上一个不爱你的人。没有失恋过不足以言人生，这句“人生若只如初见”是献给每个人的初恋。就算，爱情不够美满，也请记得那一次初见。

如果人们可以像刚认识的时候那么相爱，估计也就不会再出现婕妤怨秋扇的旧事了。

“骊山语罢清宵半，泪雨零铃终不怨”，这句说的是唐明皇与杨玉环曾于七月七日夜，在骊山华清宫长生殿里盟誓，愿世世为夫妻。白居易在《长恨歌》中写：“在天愿作比翼鸟，在地愿作连理枝”，表明二人的缠绵悱恻。二人曾经许下山盟海誓，言犹在耳，杨贵妃却成了政治牺牲品。“泪雨零铃”就是后来安史之乱中，已退位的唐明皇从四川返回长安途中，初入斜谷听到雨声，雨中闻铃，音与山相应。在雨铃声中他悼念杨贵妃，写了《雨霖铃》曲以寄恨，这就是“泪雨零铃终不怨”。皇帝连自己心爱的女人都保不住，只有心中无限悔恨。

“等闲变却故人心，却道故人心易变。”男女之间经常会出现薄情郎变心。想当年唐明皇与杨贵妃的山盟海誓仿佛还在耳边回响，却难熬栈道雨声铃声声声怨。现在“我”身边的薄情男子，还不如当年唐明皇，至少唐明皇还许过比翼连枝的承诺。

对自己的悔恨是对初恋的爱，更是无法给初恋一份爱的保障的悔恨和悲悯。

对爱过的前女友保持一份悲悯不容易，所以，他值得被后人喜爱。

挚爱：一生一代一双人

第二段爱情打击，是妻子的离世。

这段打击叫纳兰性德忧愁常伴，成为“人间惆怅客”——一生写下了近四百首词，最哀婉的情词，写给妻子卢氏。

这是琴瑟在御的婚姻，是宜家宜室的妙人。

纳兰性德注定会爱上发妻卢氏。

刚刚成婚，纳兰性德经常站着发呆，或者写点诗句。爱不爱一个人，还是太容易发觉了。卢氏自然发觉他也许放不下一个人，她也明白他的那些爱情诗词是写给初恋情人的。可是那时候，也许包办婚姻本就是和爱情无关，也许只是见过几次罢了，何必强求爱情。那种婚姻制度下，女人可能也不像如今自由婚姻那样要求丈夫一定要爱自己吧。

纳兰性德经常写点诗句，写完随手放在茶几书桌或是其他摆设上。也许是崇拜，也许是本来不大相熟，既然走入了婚姻，看看对方文字也容易了解对方，卢氏看到这些纸张，就细心地收起来。她有没有伤心无法考证了，可以知道的是，她试图理解这些诗句，并逐渐走进了纳兰性德的心里。这样的女子，纳兰必定动心。

但是，卢氏的魅力一定不止于此。

卢氏是有才华又有趣的女子，比如纳兰词句写他们的婚后生活——“赌书消得泼茶香”。这句用李清照与赵明诚来比喻他们二人的夫妻情趣，也是自诩才子才女。李清照记录和赵明诚在书房里赌书，就是指着书说历史上的哪件事来自哪本书哪一页哪一行，谁说对了，谁就喝茶。李清照博学，大部分是她先喝茶，但是因为开心，茶泼到了身上什么也没喝到。后来李清照写“甘心老是乡矣”，希望这样的美好日子能一直持续。纳兰性德用赌书泼茶香来记录自己的婚姻生活，可以想象，纳兰夫妻在房里，泡茶，捧着词集，二人抢答，一副欢快的家居生活图跃然纸上。

相比起初恋的失败，也许越过了少年的懵懂，真正相知相守，才是爱情。所以，才有纳兰性德的《画堂春·一生一代一双人》那几句：“一生一代一双人，争教两处销魂。相思相望不相亲，天为谁春？”

纳兰性德“一生一代一双人”与“相思相望不相亲”这两句，直接化用了骆宾王的名作《代女道士王灵妃赠道士李荣》中的成句：“相怜相念倍相亲，一生一代一双人。”其实骆宾王最初是“一生一世一双人”，后来为了避唐太宗李世民的讳，把这个“世”改为了“代”，“一生一世”就改为了“一生一代”。骆宾王写出这样美好的句子却不甚流传，还好有纳兰性德。

欲修到人间眷侣，须做得柴米夫妻。

一个人孤单，一群人乏味，一双人刚刚好。

美好时光，是绣榻闲时，并吹红雨，雕阑曲处，同倚斜阳。

可惜，陪伴他度过三年幸福时光，他一生最钟爱的女人——妻子卢氏因为难产，永远地离开了他，才貌双全、善解人意的妻子走了。这个噩耗，纳兰无法接受。

他为她停灵了一年多。

古时候人去世不会马上下葬，需要停灵。停灵时间都有明文规定，身份越高，时间越长。清代顺治年间规定，亲王一年郡王七月，平民百姓根据经济条件，三天到四十九天不等。卢氏安放在双林禅院，停了一年多，早就超过亲王的时间。纳兰性德始终不愿意相信爱妻卢氏已经离开，一有空就去看望妻子，甚至一住几天。

他写了很多悼亡词，最悲壮的是《蝶恋花》。

辛苦最怜天上月，一昔如环，昔昔都成玦。若似月轮终皎洁，不辞冰雪为卿热。无那尘缘容易绝，燕子依然，软踏帘钩说。唱罢秋坟愁未歇，春丛认取双栖蝶。

“不辞冰雪为卿热”这句诗也有故事，说的是三国时曹魏名士荀粲，也是不舍得让妻子下葬。他曾立志要娶天下最绝色的女子，而后遇见曹氏，用最隆重的婚礼娶回了这位女子，婚后生活也是堪比纳兰公子。可惜，好景不长，妻子得了重病，一直发高烧。荀粲就在冰天雪地里，脱光衣服，让自己的身体温度快速降下来，然后，用冰冷的身体来给妻子降温。遗憾的是，这样的深情也没挽回妻子的生命。

这样的行为太感天动地，后来热播电视剧《甄嬛传》也用了这个情节。女主角甄嬛在凌云峰路上病倒发高烧，果郡王为了替她降温，反复躺在冰天雪地里，不辞冰雪为卿热。这一段情深，令人难以忘怀。

这首词，先借月说起悠悠情思。辛苦那月亮，最叫人怜惜，因为，圆满的时间短，残缺的时间长。“一夕如环”，说的就是只有一夜满月如环形。“夕夕都成玦”的“玦”是玉佩半环的意思，以自然景观象征人间生活美满时少而痛苦时多的冷酷现实。若是爱情能像月光那样始终皎洁，即使你处于冰雪之中，“我”也要用热情来暖化你。

不畏冰雪，只想重燃真挚情感。

下阕借燕子依旧在，来衬托人已不在，难以返回，对亡妻的哀思和自身孤单的凄凉跃然纸上。只能，在妻子的墓前，唱着你我当年的歌谣，从冬季一直到来年秋季也不停歇，再到春天，希望能双双化蝶。

这首《蝶恋花》与苏轼的《江城子》、贺铸的《鹧鸪天》并称为古代三大悼亡词。这首词铭记了他对亡妻生死不渝的真情，道尽了他的哀思和深情。细细读来，也许身为女性，更喜欢纳兰性德，相对于苏东坡江城子回忆过往，“十年生死两茫茫”，纳兰性德的“不辞冰雪为卿热”，更是满含男子的一腔热血。

如果纳兰活到今天，深爱亡妻，不知道又要道出多少佳句。

所以，纳兰公子，千古翩翩浊世佳公子也!

最后的安慰：江南才女沈宛

妻卢氏亡后，纳兰性德整个人受到了莫大的打击，经常与顾贞观等好友，还有其他文人墨客作词消愁。也许，顾贞观对纳兰公子实在心疼，愿为他再牵线一段缘分，来慰藉他的生活。顾贞观告诉纳兰性德，江南有位名伎，叫沈宛，对他十分仰慕，常常将他的词谱成曲加以传唱。

纳兰性德听说沈宛是才女，还有词集，看了后，开始仰慕沈宛的才名。

后来，康熙皇帝巡行江南，纳兰性德作为御前侍卫随从。

终于，他和沈宛在江南相见，相知在绿纱窗下。纳兰性德写了一首词，写相见的心情:“两鬓飘萧容易白，错把韶华虚费。便决计、疏狂休悔。但有玉人常照眼，向名花、美酒拼沉醉。”

这一年纳兰性德其实才三十岁，说自己两鬓斑白了，说明卢氏的离开，的确使纳兰性德身心疲惫了许多，三十岁便有白发。见了沈宛他就下了决定，“便决计、疏狂休悔”“向名花、美酒拼沉醉”。这时候纳兰终于走出阴霾，有了笑容。看来纳兰性德的江南之行，最大收获是得到了沈宛。

这一年冬天，顾贞观亲自护送沈宛入京，沈宛嫁给纳兰性德为妾。

康熙年间，满汉无法通婚，且名伎身份也和纳兰性德这位相门公子门不当户不对。但纳兰性德并没有辜负沈宛，将她安置在德胜门的一座别院里，和她过起了夫妻的恩爱生活。父亲纳兰明珠没过问，康熙皇帝也是睁一只眼闭一只眼。

可惜好景不长，纳兰性德随后不久就病倒了。当时沈宛已怀孕六月。这一次，他没有战胜病魔，永远地离开了他所眷念的爱人沈宛。

情深不寿，纳兰性德已为初恋惆怅伤心过，卢氏的离开更耗尽了其大半身心气力，再爱一次，多少消耗最后的生命力。

沈宛在当年秋天生下遗腹子富森。富森被纳兰明珠带回府后，她，一代名伎沈宛幽居在江南。

轻掩书卷，还是感觉纳兰真正爱的是卢氏吧，对卢氏的爱应是深入骨髓，融入血液，已深深化为纳兰生命的一部分，而沈宛只是纳兰伤痕累累时的一剂镇痛剂。

情深不寿，其实说纳兰性德是男版林黛玉，也是合理——多情多病早逝，不许人间见白头，质本洁来还洁去，保持了永远的少年感。

到了民国时候，纳兰性德还是很出名的才子早逝的典例。张恨水先生的《春明外史》中写到一位才子，死于三十岁的壮年，其友恸道："看到平日写的词，我就料他跟那纳兰容若一样，不能永年的……"

只有少年感，才是保持诗词永远不油腻的方法。可惜，纳兰公子的少年感，是靠早逝来成全的。所以，他注定在未来的世界里，会在不少女作家的作品里得到重生，可能女作家更喜欢这样一个永远保持赤子之心且深情的"翩翩浊世佳公子"吧！

翩翩浊世佳公子

年轻的纳兰公子走了，临终前，他写下了最后一首诗《夜合花》。

阶前双夜合，枝叶敷花荣。疏密共晴雨，卷舒因晦明。影随筠箔乱，香杂水沉生。对此能销忿，旋移近小楹。

纳兰性德去世，有数以百计的人写悼词，没有和他见过的人也会痛哭。他结交过的明朝遗民、江南文人们都悲痛感慨，一是记得纳兰对他们的恩，还因为知音离去，悲痛与谁诉。康熙皇帝派人来祭奠，塞外少数民族也派来使者哀悼。

当所有人为此悲痛时，纳兰性德也许并不感到悲痛，甚至认为是解脱——他将和卢氏在另一个世界赌书泼茶，不再惆怅。

他的一生就是一个“情”字，对亲人、对朋友、对爱人。这种情，来自他的赤子之心，也铸就了他的人生。他这样一个深情之人，也许不应该生在这样复杂的人世间，所以他说“我是人间惆怅客”，人间不是他的家。可他的这种深情的显露，也必须生在这人间，才会有——翩翩浊世佳公子。

第六辑

李渔：中产阶级趣味祖师爷的矛盾人生

《舌尖上的中国》第二季里有这么一对年轻夫妻，他们俩放弃了大城市的高薪工作，移居在云南的一个小镇。

种菜、做饭、享受生活；

骑车、跑步、在月光下读书写字。

那恬静淡然的画面，真的是诗意的起居。

我相信，这样的镜头会触动无数中产阶级的心灵，他们内心深处一定或多或少向往这样的生活。

但是，我更确信，没有几个人能够像他们一样把向往变成现实。

因为古往今来，不少中产阶级中有趣味的人，都多少有这种矛盾和撕裂的个性。

比如，中产阶级趣味祖师爷李渔，就是如此过了一生。

生平：中产阶级的矛盾人生

有一本杂志叫作《三联生活周刊》，它有一个口号是“一本杂志和他所倡导的生活”。

也许叫人怀疑这本《三联生活周刊》致敬的是一位生活家——李渔。

李渔，在戏剧、文学、性学、养生、室内装修、园林艺术、妆饰美容、家具古董、饮食烹调、娱乐业、出版业等几十个领域堪称专家，样样出神入化，样样都可以遥控成为中产阶级生活的祖师爷。

当然，作为中产阶级鼻祖，重要的是除了这么多生活才艺，还有矛盾撕裂的人生。

他，究竟是如何开始他中产阶级的人生呢？

中产阶级青少年的成长路

李渔，号笠翁，生于明万历三十九年（1611 年），逝于清康熙十九年（1680 年）。

他出生在江苏如皋的一个商人家庭，出生时“家素饶，其园亭罗绮甲邑内”，殷实的家境给了他比较富足的生活，可算不上“贵”。富与贵，在封建社会意思差别很大，属于两个不同领域，商人无论多富有，也和“贵”沾不上边。而举人无论比商人物质上穷多少，那身份就“贵”一些。所以，当时的李渔，的确是出生在有些富足却不算“贵”的中产家庭。

虽然不算“贵”，可是家境殷实是中产阶级的关键。太穷，是没法让他浸盈在一种体面与讲究的生活习惯中的。

典型的中产阶级，一般都喜欢学习和模仿贵族的作风，一贯希望向上层靠拢，无论是生活方式，还是心中期望的阶级升级。所以，无论是在李渔的年代，还是在今天，中产阶级都会注重孩子的教育，比如把孩子送到补习班。李渔的家庭不能免俗，家里很早就开始抓他的学习，对他的应试教育毫不放松。

中国历史上有“孟母三迁”的教育典故，李渔的母亲，效仿“孟母三迁”，想方设法为少年李渔提供最佳的学习环境。据说，李渔母亲看到一个叫李堡的地方“民风淳厚，安闲和乐”，是孩子读书学习的好地方，就搬家到李堡南街的一座小楼上。说来李渔的母亲很会安排生活，她选了个好地方，夏天的时候，到处酷暑逼人，可这小楼据说被浓荫盖住，非常凉爽宜人。更神奇的是，白天没有苍蝇，夜晚没有蚊虫。

这个好地方为何如此神奇？有一天，聪明的李渔发现了秘密，原来有一只长嘴白羽的老鹳鸟，每天都在小楼的四周飞把蚊蝇都消灭了，晚上也栖息于小楼旁边的一棵大树上。这只老鹳鸟很通人性，好像知道李渔需要好好学习，所以从不发出打扰的声音，悄悄地来，轻轻地飞走。老鹳鸟平时都静静地保护李渔不受蚊虫困扰，唯一对着李渔发出唳声，是在离别时。李渔家离开李堡回如皋的那一天上午，老鹳鸟正对着李渔的书房引颈扇翅，“唳唳唳”地一直呼喊，好像是挥手道别。此情此景，少年李渔大为感动，便挥笔写下了“老鹳楼”三个大字。据不少如皋的老一辈说，都见过这三个字的真迹。

李渔不负家庭的期望，据说牙牙学语的时候已经能够识字，童年就已经将儒家六经涉猎一遍，还可以做出像样的应试作文——八股文章。

当然李渔的中产阶级教育，不限于应试教育，情商和社会教育也是必需。

古语有云“幼学如漆”，小时候的耳濡目染，对孩子是最直观的教育，有可能终生难忘。李渔从小也是见过世面的，他的伯父李如椿很喜欢李渔，每到富贵人家行医，总不忘携带幼小的李渔同去，就是让他看看大户人家的富贵荣华和光鲜显赫，从小多见见世面。

当然，一个优秀的文艺的中产阶级孩子，是不可以只有应试教育能力，只见过一些富贵世面，只会作一些八股文章，总要写一些富含生活小情调的小诗词，才配得上小文艺。

李渔家后院有一棵梧桐树，他每年都要在后院的梧桐树上刻一首诗。十五岁时他在梧桐树上刻的诗是：

小时种梧桐，桐本细如艾。
针尖刻小诗，字瘦皮不坏。
刹那三五年，桐大字亦大。
桐字已如许，人长亦奚怪。
好将感叹词，刻向前诗外。
新字日相催，旧字不相待。
顾此新旧痕，而为悠忽戒。

另一首是李渔十七岁时在春节这天写下的《丁卯元日试笔》：

岁朝毕竟异寻常，天惜晴明日爱光。
春气甫临开冻水，寒梅旋吐及时香。
尊前有酒年方好，眉上无愁昼始长。
最喜北堂人照旧，簪花老鬓未添霜。

十五岁的励志诗，告诫自己不要虚度年华。小时候在梧桐树上刻字，字迹那么瘦小，三五年后，梧桐长大了，字迹跟着变大。字迹变大，“我”也长大了。时间走得那么快，不知道“我”的学问和成就可否跟着一起长大？是否虚度了年华？想到这里，感慨时光飞逝，身体的不断成长一步一步推着“我”要学识一起成长，才不负时光流逝啊。

十七岁的享乐诗，年岁总是在更替，总不免要引起人的种种遐思浮想。春天又来了，冰雪融化，初春的梅花在枝头芬芳。看到父母黑发如初，身体康健，“我”何其幸运！生活在小康之家，衣食无忧。新的一年，蕴含着新的希望与憧憬，心情显得分外灿烂，就像那明媚的阳光一般。

一边是励志，一边是生活的“小确幸”，也算是中产阶级的美好生活了。十七岁的李渔，已然是中产阶级生活方式的鼻祖雏形了。

最后的乡试与士隐间的选择

少年的成长，也许离不开那种打破生活“小确幸”的悲情。出仕抑或是不出仕，这种不只是个人的奋斗，更是时代的选择。毕竟，我们都知道，一个人的命运，除了要靠自我奋斗，也要考虑到历史的行程。

十七岁时，生活“小确幸”是“最喜北堂人照旧，簪花老鬓未添霜”。可是不久之后，父亲李如松竟一病不起，撒手人寰。

李家的顶梁柱倒了，李渔母子，顿觉天塌地陷，陷入强烈的悲恸之中。

明崇祯六年（1633 年），二十三岁的李渔离开如皋，扶父亲灵柩回原籍兰溪入祖坟。他需要自己承担生活了。

两年后，二十五岁的李渔参加了金华府的童生考试，深得“提学使”的赞赏。虽然是最低级别的考试，可是对于李渔，这一小小的崭露头角，也够欢喜好久。甚至，十五年后，李渔在《春及堂诗跋》中提到此事，还是得意地说：福建许豸先生主持两浙考试，别人专考一部经书，我考“五经”，成绩优异。许先生盛赞我的文章，印成一册，说这是在婺州选拔的五经童生考卷中难得一见的好文章。明崇祯十年（1637年），李渔终于考取府学生员（秀才），成为他一生的光荣。

应该说，这是李渔长期学习的美好成果了。好比现在中产阶级孩子考上“双一流”大学以后的得意扬扬。

中产阶级，怎么可能永远顺风顺水，春风得意，来点忧伤和虚无，似乎更加有味道。毕竟，中产阶级的另一个生活导师村上春树的小说，也是要有些忧伤有些幻灭有些虚无。来点忧伤，多少改变下生命的颜色，也许无法撼动人生选择，可是多少，也是蝴蝶效应的第一阵风吧。

所以，李渔渐渐有了忧伤。到了明崇祯十二年（1639年），二十九岁的李渔，带着稳操胜券的心，得意扬扬地到了省城杭州参加考试。他没有料到，自己竟名落孙山，人生受到了科场失利的沉重打击。

他满腹牢骚，又还算乐观，把牢骚写成诗，还不忘记扯上千古牢骚鼻祖《离骚》：

才亦犹人命不遭，词场还我旧时豪。
携琴野外投知己，走马街前让俊髦。
酒少更宜赊痛饮，愤多姑缓读《离骚》。
姓名千古刘蕡在，比拟登科似觉高。

“我”的文采也许尚可吧，还好命不会太糟糕。换作写词，词坛中，“我”还是一时豪杰，还可以去野外弹琴和知己高歌，骑马上街谦让才智杰出的人。酒，虽然少，哪怕赊账也要多买点痛饮。如果愤怒太多，那就慢慢读《离骚》吧。岁月带不走那熟悉的勇士的名字，比如刚正不阿、绝不趋炎附势的忠良刘蕡，如此千古留名的荣耀，可比科举高中的成就高多了啊！

虽然落第，可是语气还是自负的调门，只怪命运不济，愤而读《离骚》。

这首诗用了不少典故，第一是《离骚》。《离骚》开创了中国文人发牢骚的传统。毕竟，中国文人发牢骚有两大主题：一是怀才不遇，二是爱而不得。

第二是刘蕡，一个因勇于直言、刚正不阿而千古留名的人。他除了是不趋炎附势又有政治主张的忠良之外，还写得一手好文章。他一生最大的壮举是在科举考试中秉笔直书痛斥宦官专权，建议皇帝诛杀干涉朝政的宦官。文章很漂亮，考官很赞美，但是，他落第了。这和如今“十分感动，然后拒绝了”不同，在颂扬正直的年代，他比科考中举者获得更大的荣耀——千古留名。在当时，便是因为他的文章言论激切，士林感动。当年的舆论喧哗，为他不平。守道正人到处传读他的文章，读着读着，相对垂泣。

后来，“刘蕡未第”就成为一个典故，特指高才正直敢言之士被埋没。也有不少诗词，都用到这个典故。

登科人李郃中举成功，却谓人曰：刘蕡不第，我辈登科实厚颜矣！

宋代有高登作《多丽》词："李广不侯，刘蕡未第，千年公论合谁羞？"

连毛主席在读《旧唐书·刘蕡传》时，也对刘蕡的策论隔着时光暗自佩服，并写了一首七绝："千载长天起大云，中唐俊伟有刘蕡。孤鸿铩羽悲鸣镝，万马齐喑叫一声。"其中那句"千载长天起大云"，带出"中唐俊伟有刘蕡"，感觉是出现了风，出现了云，出现了风雷，带来了生气。沉闷的风气被打破，只是因为刘蕡。

李渔落第了写"姓名千古刘蕡在，比拟登科似觉高"，似乎看来心情还可以，根本无所谓是否中举，不中举那位才是他最佩服的人。当然，他也有其他诗，就没有那么潇洒了。似乎叫人怀疑，那是年纪轻轻的孩子，对长辈和朋友的回应，希望他们不要为自己担心。

次年的第一天，他作《凤凰台上忆吹箫》，多少有叹功名不就的忧伤：

昨夜今朝，只争时刻，便将老幼中分。
问年华几许？正满三旬。
昨岁未离双十，便余九、还算青春。
叹今日虽难称老，少亦难云。
闺人，也添一岁，但神前祝我，早上青云。
待花封心急，忘却生辰。

听我持杯叹息，屈纤指、不觉眉颦。

封侯事，且休提起，共醉斜曛。

看上面这两首诗，头一首根本不在意功名，第二首多少感慨时光流逝，“我”都三十岁了，还一事无成。可是最后一句，别说封侯事，还是醉了好。也许是惆怅，也看得出他自己没有那么在意中举走仕途。走仕途，也不是没有想过没有期望过，更多是他家人的期盼。士与隐，在他心中，一直是矛盾的。

李渔的确没有屡试不第的大烦恼，只有这次一些小忧伤。毕竟一生中，其实他就参加过一次乡试。若有一些消极情绪，不是对自己的，是因为对家母的愧疚罢了。

到明崇祯十五年（1642 年），李渔再赴杭州应乡试，不知道他是否感觉到这是明王朝的最后一次乡试，他最终没有参加这场明朝最后的乡试，冥冥之中，命运和时代带着他远离仕途。

因为局势动荡，李渔途中为躲避战乱返回兰溪，赶不上最后的乡试。

就此这一生挥别了“士”这条路。

战乱中的中产阶级李渔

清朝的铁骑横扫江南，明王朝风雨飘摇。大明都不知道是否会存在，哪个小青年，还抱着求取功名的决心？

面对战争的残酷，李渔除了对流离失所很心痛，还对时不与我惆怅不已。这年的清明节，他在祭扫母亲的墓时，想起母亲的“孟母三迁”，顿觉内心愧疚，长歌当哭，写下诗句：

三迁有教亲何愧，一命无荣子不才。人泪桃花都是血，纸钱心事共成灰。

李渔愧对母亲当初为他“孟母三迁”的用心，愧对父母的悉心栽培，他很遗憾自己没有给家族带来任何荣耀。如今，作为不肖子的他，只剩下伤心和眼泪。泪水和桃花一样的颜色，都是血色，纸钱和心事一起成灰。灰色，是此时此刻自己愧对母亲的失望，也是战乱导致满目疮痍所触目惊心后的余色。

还好，战争很快结束。无论是哪个政权到来，至少战争的可怕可以躲过。

清顺治三年（1646 年），清兵到达金华。新的政权颁布了“留头不留发，留发不留头”的剃头令。

李渔对剃头令相当愤怒。可是为了“留头”，他还是选择了剃头。无奈剃头，心怀不满的他，奋笔疾书一首：

髡尽狂奴发，来耕墓上田。
屋留兵燹后，身活战场边。
几处烽烟熄，谁家骨肉全？
借人聊慰己，且过太平年。

这首诗写“狂奴”李渔，来到农田耕种。自称“狂奴”很有意思，太符合李渔的矛盾个性。清廷把剃发与否作为被征服者顺逆的标志，李渔也把剃发与否当作是否已为异族奴隶的象征。他既剃发，便已处于为奴的屈辱地位，故称自己是“狂奴”，有妥协又有反抗，真一个矛盾撕裂的人格。

战争过后，田野荒芜，村落房屋被战争洗劫，站在废墟上，仿佛置身于战争中。不知道几处的战火已经熄灭，几处人家还能齐齐整整？这首诗前三句，是写战争过后的满目疮痍，也是大好河山的尘埃落定，所有才有最后一句，借这些慰藉自己的心吧，尘埃落定，且，就这么过太平日子吧。

这是典型的中产阶级感受，相对于宏大的叙事和战争场面的书写，他更加关心农田村落这种生活“小确幸”，还有“一家人团团圆圆”这种TVB经典电视剧传达出的小人物的最大期望。对战争结束的唏嘘及和平的到来，这才是中产阶级希望得到的安慰。同样书写战争，这首诗和钱谦益、龚鼎孳还有从“凤凰男”变身官僚的吴伟业的思想境界大不同。

士与隐的矛盾选择

战争结束后，大好河山开始重建。选择“士”之路的人，重新参加科举走仕途，选择归隐的人也有自己的路子，一个代表入世的成功，一个代表出世的向往。中产阶级在这种矛盾和撕扯中，挣扎着，前行。

李渔选择了“佛系”人生，不参加清朝科举，却也选一处好地方重建小资家园，没有选择归隐，却可以和清初“士”人谈笑风生。

清顺治四年（1647 年），三十七岁的李渔暂居故乡兰溪，这时候他自誉为“识字农”。和平的到来，对战乱中颠沛流离的中产阶级来说是最高兴的事。相对于那些大地主阶级文人诗文中对明朝的怀念，小资和中产阶级的心情，就像李渔这时候写的一样——“半生长蹙额，今日小开颜”。

两年后，他在伊山头的“先人墟墓边”，“新开一草堂”，构筑了自己的乐园——伊山别业（也就是大名鼎鼎的伊园）。这是李渔第一个宅居作品园林，伊园体现了李渔在景观设计、室内装修、园林设计、作物种植等多方面的才能，不愧是中产阶级方式的倡导人。

据李渔的诗文记述，伊园所在的伊山高三十余丈，可是地面广不足百亩，像一个地形较高的村落。所以，设计师匠心独具，因地制宜，建有燕又堂、停舸、宛转桥、宛在亭、踏响廊、打果轩、迂径、蟾影口、来泉灶诸景观。虽布置结构简陋，却充满乡村野趣，能让人充分享受到山乡的“山水自然之利”和“花鸟殷勤之奉”。李渔自信这个可与杭州西湖相比。李渔特别喜欢伊园，为它写下《伊园十便》《伊园十二宜》等诗篇，还感慨“此身不作王摩洁，身后还须葬辋川”，意思就是他要和唐代诗人王维一样，在一个好地方（伊山）隐居终生。

伊园的李渔，字里行间表露出了“隐”之意。

然而，他却选择的是不一样的隐——大隐隐于市。

清顺治七年（1650年），李渔卖掉了新建不久的伊山别业，迁居杭州，开始了他的市井人生。

他没有选择士之路，也没有选择真正的隐之路，毕竟中产阶级不是有钱有粮有地不愁生活的贵族，无法做到山居一辈子。那时候的日子，李渔在《卖山券》中说:“兵燹之后，继以凶荒，八口啼饥，悉书所有而归诸他氏。”凶年来了，饥荒遍地，为了糊口的李渔，无论愿不愿意，也要选择到市井谋生。当然，这不是士之路，而是属于市井和江湖的道路，或许可以称——大隐隐于市。

李渔来到杭州，开始了他的商人之路。

为了寻找商机，一开始李渔在杭州的繁华路段、各个戏馆和书铺门口做市场调查。他发现在杭州，无论是上层还是普通市民，都喜欢戏剧、小说这些说故事的行当，李渔大腿一拍，“哇哦，这有何难度”。清初流行的散文、小说、戏曲、赋、记、传、赞、辩、铭、引等二十多种文体，他都能应付自如，妙笔生花。所以，写一些戏剧小说，对李渔来说不是难事。特别是当时的小说讲究众体皆备，就是好小说要包含好的诗词等其他文体，比如《红楼梦》就属于这种好小说。李渔对于清初文体，都在行。对他来说，写小说戏剧正是其施展才华的舞台。

于是，他开始“卖赋以糊其口”，一方面解决一家人的生计，另一方面充分发挥自己的文学才华，就是既做着自己喜欢做的事，又可以赚钱。李渔，开始了一条被时人视为“贱业”的“卖文”之路，开始了他作为中国历史上第一位“卖赋糊口”专业作家的创作生涯。

他那几年的创作力很强，短短数年间就写出了《怜香伴》《风筝误》《意中缘》《玉搔头》《奈何天》《蜃中楼》六部传奇，还有《无声戏》《十二楼》两部白话短篇小说集。

现在这些很有戏剧性、很动人心弦的通俗文学作品在当时被正统文人所不齿，视为末技，但由于其通俗易懂，贴近群众生活，符合观众们的喜好和情趣，作品一问世，便登上“畅销排行榜”。尤其是他的短篇小说集，更成为民间的抢手货。

李渔靠着才华和会迎合大众口味，成为当时最炙手可热的畅销书作家，他全靠一支笔，养活一家人。他的背后，是他深厚的文化修养和超高的商业技巧。他的商业天赋，是要让现代人汗颜的，比如产业链和版权从业者，建议拿李渔作为祖师爷拜一拜。

在版权意识不健全的清朝，李渔的作品一问世，马上就有盗版，导致他并没有得到什么好处。清朝的印刷技术比过去发达，盗版印刷非常容易，只要买一本新书，自己找几个刻书匠在家里刻印就行，无须付给李渔稿费。李渔的作品非常受欢迎，他的新书只要在杭州市场上出现，苏州、南京等地的书商很快就能翻印出来。

眼看着自己的文字帮别人换来大把银子，李渔好不撮火。他四处奔走，查找源头，与人打官司。这期间还发生了一起特别严重的盗版事件——他的书还没正式出版，盗版书已经上市了。除了盗版，猖獗的还有枪手。书商找来几个枪手写东西，直接署上“湖上笠翁”的名字。

为正名，李渔搬到盗印最猖獗的南京，他建立一个独家发行的出版公司，名为“芥子园”。他的全部作品，只此一家出版，算是垄断了市场。当然，如果只会独家发行，那么李渔只是优秀的商人，而不是优秀的生活倡导者。为了使自己的书卖得更好，李渔提升了印刷的质量，特别注重书的装帧设计，用户体验就更加好了。眼看大家都喜欢芥子园出版的书，李渔除印自己的作品外，还重新审定编辑了很多名著出版，如《三国演义》《水浒传》《西游记》《金瓶梅》的原著外加评点本（可以理解为现在配有弹幕点评的电视剧）。这种出版方法当代也可以看到。

到南京的李渔，没有走仕途，不做官，可是却结交了吴伟业、钱谦益、王渔洋、余怀、尤侗等文化大腕，其中不乏清初官员。和他们交游之外，李渔更加发挥文化社交和出版天赋。虽然没有走仕途，可是，却利用“士”，服务了官吏。比如，李渔搜集出版明清官吏的案牍文章，也就是明清时期官员的公文，编辑了《资治新书》。《资治新书》是本工具书，供各级官员治理政事参考使用。书里面收集了文移、文告、条议、判语四大部，四大部底下还有钱粮、刑名、学政、军政等六十余门类。书中有来自“国务院副总理”和各部高官写的公文约稿，书前还刊有李渔的征文小启。文人兼地方官看到自己的文章可以和高官一起刊出，自然很积极投稿。书中的公文也有李渔的评点，简直是今天参考书的前身。

在南京，李渔成功地走出了有李渔特色的大隐隐于市之路。这时候，他还出版了生活指南——《闲情偶寄》。

《闲情偶寄》包括词曲、演习、声容、居室、器玩、饮馔、种植、颐养八部，共有234个小题，简直是中产阶级的生活指南。林语堂将《闲情偶寄》誉为“中国人生活艺术的袖珍指南”。

作为一本指南，该书对生活细节描述非常讲究。以睡觉的床铺为例，李渔说，人生百年，所历之时，日居其半，夜居其半，既然睡眠占了这么大比例，那么床铺就得非常讲究。“每迁一地，必先营卧榻而后及其他”，每搬家一次，第一件事，就是收拾好床铺，收拾要有讲究，床帐之内，要设个放花的搁板，床帐要绣满花，这样子，就能营造出梦酣花丛的场景，给视觉、味觉、嗅觉以良好的感受。

该书除了小清新，还包括一些“重口味”，比如吃喝外的拉撒也有乐趣：“如厕便溺，种种秽亵之事，处置得宜，亦各得其乐。”当然最大看点还有教当时的“小脚控”们，把玩小脚之前，要撒点香粉和糖桂花上去。

能写出如此的生活指南，说明李渔在南京的日子是丰富多彩的。在矛盾中走出自己的路，比我们现在的中产阶级要快乐许多，当然，也许是因为他的收入确实比普通百姓高出许多。

李渔很幸运，他在这一生里遇到了两个最重要的女子——乔姬和王姬，并纳她们为妾。李渔，这个全能人才，身兼艺人包装、导演编剧、娱乐公司老板等多重身份的人，对二人细心调教，耐心培训，组建了以二姬为台柱的家庭实验剧团，常年巡回于各地为达官贵人演出，这也是李渔一生中最得意的一个阶段。赚钱的同时，也是李渔文学创作中最盛产的时期之一。《闲情偶寄》就是在这段时间完成并付梓的。

可惜没过几年，乔姬和王姬先后离世，家庭实验剧团解散了。李渔也许是无心创作，也许是身陷对二人的思念之苦，他的生活收入渐渐减少，甚至有些捉襟见肘，偶尔还要靠借钱过日子。

那段日子里，唯一能提起精神的就是为了儿子回原籍杭州参加应试，六十七岁的李渔迁回杭州。作为中产阶级，最后的精气神，也是为了孩子的“高考”。

回到杭州，李渔买下了吴山东北麓张侍卫的旧宅。他对旧宅进行修缮，这也是他生命中最后的园林作品——“层园”。因搬家疲累，有一次他不小心从楼梯上滚下，伤了筋骨，从此贫病交加，甚至正在修订的《笠翁一家言》也难以继续了。贫困中的他向京师的老友写了一封公开信《上都门故人述旧状书》哭穷，人缘不错的李渔在朋友和官员们的资助下，借到钱修层园。

此园缘山而筑，坐卧之间都可饱赏湖山美景。“繁冗驱人，旧业尽抛尘市里；湖山招我，全家移入画图中”，李渔这种小资情调的人，懂得躬身借钱，也会贫中寻乐。

可美好的生活毕竟不长久，清康熙十九年（1680 年）农历正月十三，一个大雪纷飞的凌晨，李渔与世长辞了。李渔被安葬在杭州方家峪九曜山上，钱塘县令梁允植为他题碣“湖上笠翁之墓”。

走过一条有李渔特色的隐士之路

晚年的李渔思乡之情日切。六十岁的李渔游经富春江回兰溪故里，在经过桐庐县严子陵钓台时，写下一首词《多丽·过子陵钓台》，作为一生的回顾：

过严陵。钓台咫尺难登。为舟师，计程遥发，不容先辈留行。仰高山，形容自愧；俯流水，面目堪憎。同执纶竿，共披蓑笠，君名何重我何轻！不自量，将身高比，才识敬先生。相去远，君辞厚禄，我钓虚名。

再批评。一生友道，高卑已隔千层。君全交，未攀衮冕；我累友，不恕簪缨。终日抽风，只愁戴月，司天谁奏客为星？羡尔足加帝腹，太史受虚惊。知他日，再过此地，有目羞瞠。

按照今天的价值观，从表面看，李渔似乎走在有李渔特色的大隐隐于市之路，做着感兴趣的事还赚着钱，得意扬扬。从古人的角度看，这不过是内心矛盾和撕裂后的无奈选择。对于如此一生，李渔本人未必认同。这首词中，他对自己的解剖既深刻又坦率，满满是难以名状的羞愧和自责。

李渔心中真正的隐士，是汉代的严光，就是子陵钓台所说的东汉隐士严光。他曾在这钓鱼，由此得名。严光和光武帝刘秀早年是同学，刘秀当上皇帝以后，把严光找来叙旧，并请他出任谏议大夫。他坚辞这高官厚禄，去过隐居的生活。

“过严陵。钓台咫尺难登。”只是走到您垂钓过的严陵，咫尺眼前，却难以登上，毕竟，“我”和您，差得远了。看高山，对比下，“我”自愧的样子，再俯身流水，看水中“我”的面目，越看越憎。面目可憎，羞愧无比，所以，脚步踟蹰，不敢攀沿。“同执纶竿，共披蓑笠，君名何重我何轻！”严先生您执纶竿、披蓑笠，全心垂钓，无心周旋庙堂；而“我”李渔也是执纶竿、披蓑笠，却一辈子都在钓虚名。

后一阕，李渔突然笔锋一转，说严老先生何其“傲娇”，可以随便把自己的脚放到皇帝刘秀的肚皮上，让太史惊出一身冷汗，皇帝竟不介怀。而“我”李渔哪里有这样运气，遇到这样的皇帝好友啊。

罢了，下次再路过这里，还是羞愧难当啊。

李渔羡慕严光的“傲娇”，当然，这基于严光是自食其力者。经济上的自食其力，也是李渔一生的追求，只是多少这非大隐，他靠的是对市场的迎合和在商业社会中超高的产业运作能力。他真正崇拜的是严光这种无须讨好市场的自食其力。所以，他对严光的崇敬与好感是掺杂着对自我的反躬自省的。

除了晚年这首人生总结一般的《多丽·过子陵钓台》外，李渔在自己的诗词中多次表达对严光的崇拜，特别是严光在权贵面前的傲气。他走过严光的钓台，发发牢骚，也许可以和严光对话。如《严陵钓台》有:“渔矶到处有，人死迹随淹。独怪此山石，千秋只姓严。”

《严陵纪事八首》(其三)中写道:“十载虚名酒一壶，杖藜随地赚青蚨。江干车马惊猿鹤，愈使文章一字无。”每一句都在表达对渔樵之乐这种“隐”的向往，甚至，曾经不经意间流露“不索荣华不求富，只讨清幽，那怕无来路”之心。当然他和现在的中产阶级一样，做不到不索荣华不求富。

李渔，终究还是看不起这种有李渔特色的“隐”，可也无奈。毕竟，严光的“傲娇”因为刘秀，而李渔没有这种运气，所以，必须在矛盾撕裂和自责中，走着具有李渔特色的隐士之路。

虽然被传统的士人看不起，可是李渔成了新时代市井文化的代言人，民间之气传播大使，用自己的文化底蕴成就一代中产阶级生活导师，影响至今，也不枉费一生了吧!

第七辑

袁枚：美食与女子最不可辜负

袁枚的小诗《苔》曾被乡村老师梁俊和大山里的孩子小梁改编成曲，感动了亿万国人。

白日不到处，青春恰自来。

苔花如米小，亦学牡丹开。

卑微的苔藓，青春恰自来，自在的样子多美丽。牡丹有牡丹的热闹非凡，苔花有苔花的安然自在，袁枚是否在想苔花无须像牡丹一样一辈子端庄呢。

袁枚本人，就是不“端”的文人。

中国文人有很多种追求，崇高如“为天地立心，为生民立命，为往圣继绝学，为万世开太平”；平常如有人求名，有人求义，有人喜欢权力，有人喜欢追求利益。

对于袁枚，不求功名利禄，唯美食与女子最不可辜负。

对他来说，功名利禄没有什么可追求的，可若没有美食，生活便会变得索然无味；若没有美女，世界就会变得暗淡无光。

他的一生，可以写一本畅销书，书名就叫作“美食、美女与美文——一辈子做男孩”。

一辈子做男孩

清康熙五十五年（1716 年），袁枚出生于杭州一户落魄书生家庭。在祖父与父亲的教导下，他立下了考取功名、光宗耀祖的志向。

年少时的他，家境非常贫寒，生活窘迫。他后来回忆道：

吾少也贫贱，所志在枣梨。
阿母鬻钗裙，市之得半饱。

这首诗是袁枚年少时的自白。袁枚年少时候家庭贫苦，母亲为了补贴家用连衣服都卖了，也只换得半饥半饱的生活。袁枚是在困苦中努力求学。

因为古人以梨木、枣木为雕版刻书的上选材料，所以枣梨的意思在当时是雕版印刷术的意思。志在枣梨，说明他是对知识的热爱而不是对官场的热爱，是对枣梨印刷出的书籍的热爱，就是嗜书如命的意思。也许他努力学习，不是为了功名，是真心喜欢那些书，当然其中还有他对因书籍出版实现财务自由的渴望。

他曾写过一首《对书叹》的诗：

我年十二三，爱书如爱命。
每过书肆中，两脚先立定。
苦无买书钱，梦中犹买归。

十二三岁的袁枚，嗜书如命，一到书店，两脚立定，虔诚而渴望，可惜，家境不好，“苦无买书钱”，只在梦里把书买回。一个爱书的人，一个渴望财务自由的人，在青春期就有了这种追求。

看起来，袁枚的少年时期有些苦逼。这种情况，怕只怕，就算科举上有所小成，做官以后，也是一副“凤凰男”气质。当然，渴望财务自由大于“功名利禄”的袁枚，应该在实现了愿望以后，没有那么贪婪，相信他以后绝对会脱离一些少年的心理，一生洒脱。

当然，“凤凰男”这个词是中性词，当下把这个词作为一个贬义词，是非常不合理的。我们现代社会，每到春节，就对“凤凰男”进行批评和攻击，毕竟，那是城里“孔雀女”和乡下“凤凰男”家庭短兵交接的时候。实际上，如今城里的“孔雀女”找一个“凤凰男”，真的不只是被爱情冲昏了头脑，也绝对不是做慈善，而是在社会尚有上升途径时，“凤凰男”能从穷乡僻壤里杀出来，一定有其过人之处。就算“凤凰男”的性格里有种种被“孔雀女”和社会所不喜欢的地方，那也不是与生俱来的人格缺陷，而是被现实挤压的结果。

袁枚很幸运，在家道中落的时候，在祖父和父亲的期待下，没有成为苦大仇深的“凤凰男”。袁枚七岁时就跟老师读《论语》《大学》等书，当时他是一个小孩子，对于求取功名所必需的八股文实在不感兴趣。九岁时，他才开始学诗做文，文学启蒙太晚，不如那种五六岁就会哼几句诗的人。他偶然读到一部《古诗选》，如获至宝，每遇老师外出或休假，便拿来反复吟咏，时不时模仿写几句。

聪明的他虽然不喜欢八股文，可不妨碍他十二岁就考取秀才。十四岁，他就写下了名篇《郭巨埋儿论》。

十五岁时，他开始正式学习写律诗，却用最快的速度自立门户——“性灵派”，就是提倡真性情的诗歌创作门派。

十九岁时，他入杭州敷文书院，拜师杨绳武。杨绳武是一个学识渊博的先生，很赏识袁枚不大循规蹈矩的真性情文章，对袁枚的《郭巨埋儿论》给予很高的评价。在杨绳武的熏陶下，袁枚更加努力写作，也更加真性情。但为了应付考试，他也练习八股文，曾连续参加四次举人考试，都没有考上。当然，这不过是他的小任性而已，毕竟，后来他很快就又考上了。

他的真性情也许真的来自他顺利的人生。毕竟他十九岁就被补为廪生，可以享受国家津贴那种，类似现在二十多岁的年轻人拿到硕士、博士奖学金。二十三岁，只要回归循规蹈矩的八股文路线，他就能金榜题名高中进士了。他在帝都做了三年翰林，没有同期的沈德潜那么讨皇帝喜欢，可也无须伴君如伴虎，逍遥外调溧水、江宁等地做了七年县令。因为勤于政务，袁枚官声极好。三十三岁那年，前途大好之际，他干了一件让天下文人目瞪口呆的大（真）傻（性情）事——辞官。

这次辞官，大约是他认为做官太不痛快了。他在江宁做官的时候，江宁有个将军叫作岱林布，岱林布手下的旗丁张升仗着将军的气势到处横行霸道。有一天，他到江宁周家敲诈勒索，还私自抓走了周家一人。大家惧怕将军威势，都没有人敢管这件事，而袁枚直接下令责打了张升。袁枚这一壮举受到百姓的称颂，可他也明白此事也许会给他带来危险。毕竟，袁枚再喜欢写文章作诗，也会在应该科举的时候去看八股文，遇到这种事情，他自然明白其中利害。最后，他卑躬屈节地写了一封信向岱林布请罪，以求免受处分。

这事让袁枚的官做得不大轻松，不大愉快。

也许只有学习太轻松、功名来得太容易的人，才不那么在意功名，才可以真性情。袁枚想到，他其实无须依靠仕途吃饭养老和成就自己，所以也用不着遵守那套循规蹈矩的生存准则，毕竟这很不愉快。

于是，他写了辞职信。

“父亲去世，我要回家供养母亲。”这辞官理由，实在是叫人无法拒绝，但显然这不完全是袁枚心中的真实想法，袁枚的理由是真性情。他在《答陶观察问乞病书》等文里提道：

其一，“不过台参耳、迎送耳、为大官做奴耳”。

这就是李白的“安能摧眉折腰事权贵”了，也是袁枚不想在官场上谨小慎微地守着那些小人物生存法则。

说实话，清代官场中的繁文缛节比现在的交际应酬活动要复杂许多，名目杂多，还有一定的规矩和诀窍。要想做官、升官，不懂得应酬之道是不可想象的。“戊戌六君子”之一的刘光第回忆初入京师时，“见时论所称一切酬应，皆有套数诀术”。对于这种巴结人的小人物法则，遵守并全身心地投入于这种应酬里，实在不是袁枚的追求，在他看来，这也许是可笑的。

遵守这种小人物法则的，还有清代嘉庆年间官场中被称为“忙官闲作”的周采川，他“专以期会应酬为职志，其勤勉冠于同人”。而不遵守这种法则，是会吃大亏的，比如苏州有个知县，生性迂拙，不识应酬，到省二十多年，不仅无署事又未得差遣，生活无着，最终郁郁寡欢而死。

袁枚，才不想如此为权贵作奴，不能开心颜。

其二，忙于吏务，无暇读书。

袁枚从小嗜书如命，他真心喜欢读书，而非为了考取功名。对他来说，到了书店，好比吃货到了美食节“每过书肆，如渴骥见泉，身未往而心已赴”；不读书，好像一天就不够完满，“一日不读书，如作负心事”。

那么，放弃功名，选择自己最喜爱的，也是一个一辈子做男孩的袁枚的选择。

其三，大约和现在很多年轻人一样，袁枚他不想过一眼就能望到头的生活。

他不想“食作前日味，事作前日调”“一日复一日，一朝复一朝”。

也许袁枚觉得人最宝贵的东西有三样，一是知识，二是美食，三是女人。若每天都嚼的都是昨日的陈词滥调，那活着还有什么意义?

说实话，袁枚放弃仕途的底气在于，他不用走为人奴的道路，不需要遵守小人物的生存法则，就能依靠他的才能走上财务自由之路。告别了官场上的袁大人，才有了文坛上的袁才子。这谁又能说，对于袁枚，不是一种智慧的选择?对于中国文学和美食界，不更是一种幸运吗?

无须循规蹈矩，他照样有能力活得鲜衣怒马。于是，他开始了不同于“一箪食，一瓢饮”的快活隐居之路。

隐居的日子干吗呢？袁枚开发园林，搞文化园创收！

早在清乾隆十三年（1748 年），三十二岁的袁枚还在江宁做“县委书记”时，他就花三百两银子买了一个废弃的园子——随园。

随园前身被认为是《红楼梦》里大观园的原型，1706 年由江宁织造曹寅所建。曹寅是《红楼梦》作者曹雪芹的祖父。曹雪芹的父亲曹頫担任江宁织造时，曹家被抄家，园子就归了继任的江宁织造隋赫德，因为主人姓隋，这地方就称“隋园”。之后隋赫德因贪污被流放，这园子就此荒废了。袁枚将其买入，将“隋园”更名为“随园”。

“入山愁我贫，出山愁我身”，事情远没那么顺利，毕竟理想很丰满，现实很骨感。经过一番折腾，袁枚深刻认识到，“但念人为欢，须财与之俱”，人要快乐，没钱是万万不行的，甚至因为缺钱，他中途还重新做了一年官，直到父亲去世，四十岁的袁枚才下定决心再不做官。

袁枚必须既当文人，也当商人，“解好长卿色，亦营陶朱财”，才能过出鲜衣怒马的潇洒。

袁枚对于园林，非常会经营，不逊色于大观园内贾探春姑娘的改革。贾探春把大观园中的花草、树木、竹林、稻田等项交由老嬷嬷承包，获得一些收入分成。袁枚的管理，类似贾探春。毕竟袁枚的文化事业是否能创收还不知道，可是他可以先靠着土地和收成，得到最保底的资金。他将随园边上的田地，租给农户养鸡、种植，不仅每年可收租金，且日常开销的鸡鸭鱼肉、蔬菜瓜果，都有农户直接供应。仅此一项，袁枚至少不为五斗米发愁，得到了最基本的生活保障。

当然，仅仅依靠这些收入是远远不够的。他必须把随园的文化事业做起来。他拆掉了随园的围墙，欢迎所有人来随园游览，提升人气，树立随园这个品牌。

这种开放式的旅游业和文化结合的经营方式，比今天只知道卖门票的景点要高明多了。只有开放，随园才是袁枚诗中描述的“放鹤去寻三岛客，任人来看四时花”。

为了把随园打造成一个既可以随性隐居的栖居之地，又能树立文化品牌，袁枚启动了全面改造：“吾平地开池沼，起楼台，一造三改。”“造屋不嫌小，开池不嫌多。”屋不嫌弃太小太少，池塘和水流不嫌太多，毕竟“屋小不遮山，池多不妨荷”，有什么好东西，都一起拿来——“奇峰怪石，重价购来；绿竹万竿，亲手栽植。”

接下去，嗜书如命的他终于实现理想，在随园藏书，还开设随园书店出售书籍。作为文坛领袖，他写诗，也写诗歌奖掖各方士子。

除了诗文，袁枚还写畅销书。他写的是当时的人特别喜欢的志怪小说、稀奇古怪的小故事。清代百姓喜欢蒲松龄的《聊斋志异》，还有和袁枚齐名的纪晓岚的《阅微草堂笔记》。袁枚也写了一本叫作《子不语》，取名来源孔子的“子不语怪力乱神”，翻译一下就是“孔圣贤不让说的那些事儿”，一副畅销书的标题。

有了文化行业的创收以后，随园的装修就更加高档了，各种

“高定”：“器用则檀梨文梓，雕漆鹄金，玩物则晋帖唐碑，商彝夏鼎，图书则青田黄冻，名手雕镌，端砚则蕉叶青花，兼多古款，为大江南北富贵人家所未有。”

当然，随园里最耀眼的是“随园美食”，还有漂亮的女孩子表演音乐和舞蹈。毕竟，对于袁枚这种一辈子做男孩的人来说，就算再任性，最后，他都不会辜负美食与女子。

在这里，他度过了生命中最美好的三十多年。

七十六岁那年，做了一辈子男孩的袁枚还做了一件趣事。据说年轻时，相士胡文炳为他占了一卦，说他六十三岁生子，七十六岁寿终。六十三岁那年，袁枚果然老年得子，他便对胡文炳之卦深信不疑。

等到了七十六岁，他还生了病，便深信自己死期将至，赶紧给朋友们写了一封公开信——《腹疾久而不愈，作歌自挽，邀好我者同作焉，不拘体，不限韵》。这信，就是要求朋友们为自己写挽诗。他说，想提前看看自己死后，他们怎么胡说八道。

可是直到除夕，他还活着。凌晨，新一年的鞭炮声响了起来，袁枚立马翻身下床，一边跳一边大呼，要改名为“更生”或“延年”。

袁枚又活了六年，享年八十二岁。临终前，他留下了一句话：“千秋万世，必有知我者！”

袁枚一生，率意，随性，很幸运，一生成就都来自爱好——好园、好文、好藏、好吃、好色。美食和女子是他一生的爱好和成就，是最不可辜负的。

吃货袁枚的自我修养

历来“君子远庖厨”，袁枚无须循规蹈矩做君子，用一生成就了一个吃货的自我修养。

这种修养来自他的爱好，他不喜欢拜权贵，却喜欢拜访名厨；不喜欢游走官场，却很喜欢游走厨房，每次到别人家做客，他就喜欢跑到厨房去看人怎么做菜。在他的文章中处处可见这样的小记录：“杨中丞家削片入鸡汤豆腐中，号称鳆鱼豆腐。”

他每到一个地方就到处吃好吃的，还喜欢收集食谱。为了食谱，他会四处求人。有一次，他到了海州的一家店，吃了“芙蓉豆腐”，色若白雪，细似凝脂，吃一口，回味无穷。吃了以后，袁枚就缠着店主要食谱，店主以祖传秘方不外传为由拒绝了。袁枚只能不断央求店主，店主却一直不肯答应。袁枚这下急了，没辙了，三鞠躬，行大礼：求你了。店主看了，就笑了：袁枚啊，你不曾为功名折腰，今天却为我的豆腐折腰，我不给你食谱，都不好意思了！

因为孜孜不倦访名厨、求食谱的努力，他写了一本《随园食单》，记录了很多菜，一一分析了如何做菜、如何品菜，堪称康乾盛世版的《舌尖上的中国》。

《随园食单》全书分为须知单、戒单、海鲜单、江鲜单、特牲单、杂牲单、羽族单、水族有鳞单、水族无鳞单、杂素单、小菜单、点心单、饭粥单和菜酒单十四个方面，十四个分类，包罗了三百多菜式。原料来源不分荤素、瓜果蔬菜、家禽野味、飞鸟鱼兽，烹饪方法包括焖、煎、炸、炒、蒸、炖、煮、腌、酱、卤、醉，这些词汇至今都刻上中国痕迹，很难用英文准确翻译。

他没有地域倾向，不会告诉你豆腐脑是咸的还是甜的，收录的有京菜、鲁菜、徽菜、粤菜、淮扬菜；也不分贵贱，市井小吃和满汉全席均同等写入。

做菜，如同做人，欣赏美食，也如欣赏一个人一样。在袁枚眼里，做一个合格的吃货，和做学问一样。他一开篇就说：

学问之道，先知而后行，饮食亦然。

意思是要实事求是，这是做学问的道理，学问要先学习了解加上动手实践，饮食烹调亦是如此。

对于食材，他有好比对于人才一样的心情：

凡物各有先天，如人各有资禀。人性下愚，虽孔、孟教之，无益也；物性不良，虽易牙烹之，亦无味也。

意思就是朽木不可雕也。世上一切事物都有先天特质，就像人各有不同的天资禀赋一样。人的品性低下、愚昧，就算孔子、孟子亲自施教，也无济于事；同理，如果食料本性低劣，即使让易牙这样的名厨烹调，也难成美味佳肴。

他不追求权贵的精神，也体现在对平常食物的尊重中。他未必巴结乾隆皇帝，反对暴发户的行为，却对各种接地气的食物都认真对待。

乾隆皇帝喜欢吃肉丝炖燕窝，大家一看皇帝这么吃，贵族吃法，也就跟风起来。但袁枚觉得这种做法太油腻，太“大猪蹄子”风格，毕竟燕窝是至清之物啊，忌的就是荤腥。而且，肉丝还会喧宾夺主，抢夺了燕窝的味道。所以他在书里直接说，你们这么吃根本就吃不出燕窝的口感，不如直接吃肉丝算了，白白糟蹋了燕窝。

《随园食单》书中有个《戒单》，批判过暴发户行为。书中举例说，一暴发户炫富请客，干炖了一大碗燕窝。袁枚认为这种做法糟蹋了燕窝这么好的食材，因为这么做根本没法吃出燕窝的精华。此外，这暴发户家的喜宴，上菜根本不讲究，一窝蜂，端上个七大碗八大碟，桌子被满满地铺上。看着是够豪华，但这完全忽视了食客吃东西的速度，忽视食物的冷热，还让餐桌的布局很不合理。一道一道上菜，像戏剧有前有后才行。

对食材，袁枚没有贵贱之分，他只尊重食物的本身特质，反对“贪贵物之名，夸敬客之意”。他认为豆腐做得好，不逊色于燕窝，海菜做不好还不如普通蔬菜："豆腐得味，远胜燕窝；海菜不佳，不如蔬笋。"对于食材，它是主角还是配角，袁枚的根据只是味道本身的本质，而非取决于是否昂贵。在他眼里，鸡鸭鱼肉是豪杰，是主角，因为味道本质是天生的主角；海参和燕窝是配角，因为需要靠其他味道调和才可以，是绿叶去衬托红花。"鸡猪鱼鸭，豪杰之士也，各有本味，自成一家；海参燕窝，腐陋之人也，全无性情，寄人篱下。"

袁枚他一边嫌弃油腻的燕窝吃法，一边对寻常食物鸡蛋却很讲究。茶叶蛋这样的平民化食物，袁枚一点儿都不偷工，认为做茶叶蛋一定要拿"两枝线香"炖四小时才行。只要试一试就会发现，炖四个小时的茶叶蛋果然才能恰到好处地入味。

袁枚不违背客观事物本性和循规蹈矩的真性情，也以己推物到对食物本性的尊重上。他非常介意不"穿凿"食材，违背本身的物性。比如他提倡燕窝那么好的东西，何必弄成团；海参那样好的东西，直接吃了多好，何苦熬制成不像个海参的酱料。"燕窝佳矣，何必捶以为团？海参可矣，何必熬之为酱？"食物和人一样，应该尽量保其本味和本真。

袁枚不爱官场的作风，也体现在对官场宴的评价上。他不喜欢日常的欢宴变成俗套的官场宴会，不喜欢"官场之菜，名号有十六碟、八簋、四点心之称，有满汉席之称，有八小吃之称，有十大菜之称"这些规矩，如果用于娶亲和敷衍上司也就罢了，朋友之间的家居欢宴和文酒开筵就不必如此，就像是写诗要性灵，不要做那种官场命题作文应制诗那样。他认为一盘盘菜要有错落感、参差感，如诗一样，要有气象——“必须盘碗参差，整散杂进，方有名贵之气象。”

食客对于美食也要尊重。比如他提倡，不能纵酒。酒筵上饮酒醉醺醺的，大脑失去清醒，那么再好的美味都没有欣赏能力了。喝酒，只有在万不得已的时候喝，还要在已经品尝完菜后才可以——“万不得已，先于正席尝菜之味，后于撤席逞酒之能。”他主张不能过分殷勤劝菜，“一肴既上，理应凭客举箸，精肥整碎，各有所好，听从客便，方是道理，何必强让之？”

不可苟且，不可马虎，是做人和作诗的道理，同样是做菜的道理！

这些是《随园食单》里一个优秀美食家的自我修养的体现。

君子的怜香惜玉之道

袁枚一生，除了好吃，就是喜欢女人，当然他不算好色之徒，是真正怜惜女子、尊重女子、成就女子的大人物。

对于“好色”这种说法，袁枚自己曾说：“怜香惜玉而不动心者，圣也；怜香惜玉而动心者，人也；不知玉不知香者，禽兽也。人非圣人，安有减色而不懂心者？其所以知惜玉而怜香者，人之异于禽兽也。”就是说，君子不是不好色，但君子知怜香惜玉，又何尝不可。

对于女性，他非常尊重，极力批评“女人是祸水”的谬论，为女性翻案，站在时代前沿。对于妲己、褒姒、西施、杨贵妃等在传统观念中被污为“祸水”者，他都觉得是冤枉，真正的失败是男人们，而非这些女人——“女宠虽自古为患，而地道无成，其过终在男子。”

他的一生，不仅欣赏美食，还欣赏美人与诗歌：“美人之光，可以养目；诗人之诗，可以养心。”这种对女人的尊重和欣赏，比现代许多男人先进许多。

怜惜女子

袁枚怜惜女人，见不得美人受难。他总是忍不住要救女人。

袁枚早期为官时，遇到一个案子：江宁城里有一秦姓女子，婚后不久守寡，膝下无子，只有一个婆婆。婆媳二人平日靠做针线糊口度日。也许是上天怜悯，她家对面住着一个单身的青年才俊楚惠生，年纪轻轻就中了举人，见到秦姓女子貌美又温柔，二人两情相悦。鉴于寡妇身份，二人一开始只是眉目传情，可是爱情总是让人情不自禁的，后来二人经常见面，还互相海誓山盟要厮守终生。秦姓女子的婆婆陈氏将二人告到官府。按那时候的律法，秦氏将面临不忠的惩罚，楚惠生也会受到革去功名的处分。处分这么重，二人还相爱，那真是爱情的动人之处。

阅案卷的袁枚被这样的爱情所感动，他怜惜这位女子，决心援手相助。他想了个好主意，庭外和解。他劝说楚惠生拜秦氏婆婆陈氏为义母，然后再提出娶秦氏。聪明的楚公子自然按照袁枚说的去做。婆婆陈氏一看，哇，举人啊，享受国家钱粮补贴的大才子，要拜自己为母，可欢喜坏了。婆婆看自己非但不会失去媳妇照顾，还多了一个这么优秀的儿子，自是答应了。地方官袁枚做判官的同时做了媒人，喜滋滋地记下：“孤男寡女，天意垂青。将秦氏配楚生为妻，圆其美梦；令楚生与陈氏为子，以丰补歉。成全一对，和合两家。本官为媒，当堂认母。此判。”袁枚这样的官，真是可以让古代才子佳人从小说走入现实，皆大欢喜。

后来袁枚不当官了，还是见不得女人受苦。

他有个小妾名字叫作金姬。金姬的妹妹凤龄，被卖给富人家做奴。袁枚不忍她做奴婢受苦，花了重金为她赎身。凤龄非常感激，也许是为了报恩，也许是欣赏袁枚，也许是看袁枚家里经济条件很好且又尊重女性，她很想和姐姐一起侍奉袁枚。

当时的袁枚快要六十岁了，而凤铃才十四岁，袁枚不想“老牛吃嫩草”，就给她介绍了一位少年郎，还送她出嫁。可惜，凤龄嫁到少年郎家并不幸福，一开始婆婆就瞧不起她出身一般，每天还让她干着各种重活，鸡蛋里挑骨头，稍有不慎就打骂她。凤龄实在受不了，没到半年就悬梁自尽了。

袁枚知道后，悲痛欲绝，为自己没有为凤龄把好关，识人不周，自责终身。

可这也怪不得袁枚啊。不是所有男人都有袁枚的怜香惜玉之心，更难得能欣赏女性的才能。

欣赏女子

对于女性，袁枚除了怜惜之外，还很尊重，帮助成就女人的才华。和如今公众号推崇什么的“男人赚钱养家、女人貌美如花”这种调调不同，更没有对女性才能的忽视，相反，他用行动支持女性发挥自己才能。

袁枚喜欢好诗句，他曾毫不掩饰地说:“吾好诗如好色，得人佳句，心不能忘。”他收集诗句和收集菜谱的心一样，每到一个地方，一定要去收集——“每下苏杭，必采诗归，以壮行色，性之所惮，老而愈笃。”

袁枚曾“戏刻一私印，用唐人‘钱塘苏小是乡亲’之句”。苏小，就是大名鼎鼎的苏小小，南朝杭州名伎，也是袁枚的偶像。有一天，有位尚书大人路过南京，见袁枚居然将一名伎作为偶像，还刻私印，觉得袁枚太轻浮。对于尚书的批评，袁枚起先比较谦逊，没想到对方却喋喋不休继续批评，袁枚就立刻正言道："公以为此印不伦耶？在今日观，自然公官一品，苏小贱矣。诚恐百年以后，人但知有苏小，不复知有公也。”意思是说，不要以为你职务高就据傲了，你就比苏小小高贵，千百年后，谁记得你呢，只会记得传奇才女苏小小。

袁枚姐妹各个能文，他不希望姐妹的诗文散佚，特地为她们整理，把妹妹袁机《素文女子遗稿》、袁杼的《楼居小草》、袁棠的《绣余吟稿》《盈书阁遗稿》整理成《袁家三妹合稿》，还给每一本诗集都写了序。

有对过去的才女苏小小的崇拜，加上身边都是才女姐妹，袁枚肯定要鼓励当代女性施展才华。而且袁枚不只是说说而已，他真的为此付诸行动，为当时的才女做了很大贡献。他的主要贡献有三件事：第一开馆收女徒，并且大肆宣传；第二表扬和宣传女学生的才华，不遗余力；第三给女学生编文集，千古留名。他为女学生编写的诗集《随园诗话》开篇写道："俗称女子不宜为诗，陋哉言乎！圣人以《关雎》《葛覃》《卷耳》，冠《三百篇》之首，皆女子之诗。”袁枚在开篇就怒怼陈旧观念，不顾世俗的眼光：认为女子不适合作诗的人，眼界多么狭窄呀，简直是井底之蛙。从孔子时代开始，就有那么多作品表达女子心声，女子作诗，那是天经地义的！

袁枚打破社会偏见，共收纳女弟子三四十人，将这些才华出众的女子视为自己的得意门生，逐渐形成了势力庞大的“随园派”。这在当时是一个大胆的举动，曾引起很多的非议。

当时有一位“正统”学者章学诚见此，特意写了整整一篇《妇学》批评袁枚及其女弟子。对袁枚本人，直接开骂“无耻”，说“近有无耻妄人，以风流自命，蛊惑士女”。袁枚女弟子明明是大家闺秀，却偏偏被他蛊惑，没有避嫌，到处抛诗露才——“大江以南，名门大家闺阁，多为所诱。征刻诗稿，标榜声名，无复男女之嫌。”明明是大家闺秀，却被搞得“妇学不修，岂有真才可取？”袁枚这种行为，根本就是世风日下，“人心世道，大可忧也！”

还好，内心强大的袁枚没有理会这位。他继续收女徒弟，每每接到女弟子送上来的诗稿，都很认真地帮忙点评，告诉她们哪里写得好，哪些需要再接再厉。袁枚指导她们写诗歌，也鼓励大家作诗合韵，帮助很多稍有点小天赋的女性成为诗人。“随园女弟子”人数之多、整体实力之强，达到了中国古代女子诗歌创作的一个高峰。随园之后，女诗人更是层出不穷。女子从事文学创作，要感谢袁枚这位用行动支持的先驱。

为了鼓励女弟子，袁枚在西湖至少两次召集举办闺阁诗词集会，女弟子们都拿出自己最满意的诗、画献给老师。当时没有相机，袁枚专门请人绘《随园女弟子湖楼请业图》，还为集会写了前跋，记录下女子诗歌盛会。

对于女弟子的好作品，他选出后，必定妥为保存，久而久之，编成了《随园女弟子诗》六卷，选了二十八人（今可见十九人），让弟子汪谷作序。

今天看来只是寻常集会，收集诗文保存，其实在袁枚的时代，男人的追求也不外乎“三不朽”——立德、立功、立言。在一个女子无法参加科举的年代，袁枚编辑诗文，帮助女性“立言”，是对女子作诗文的巨大鼓励，让她们有机会像男人一样有千秋垂名的不朽可能性。

操心女徒弟

对优秀的女弟子，袁枚也是得意扬扬，称“席佩兰之推尊本朝第一”，他公开宣称席佩兰、金纤纤、严蕊珠为他的“闺中三大知己”。

袁枚对女弟子是操碎了心，不只是在诗文方面，甚至为女弟子终身大事操心，帮忙招婿。若是女弟子的未来夫家嫌弃她的才华，他一定和他们没完。

清代杰出才女席佩兰，当年其实只有十六岁，据说长得如花似玉，加上有些才华，便很自视清高。她看上了才子孙原湘，这位公子不仅仪表堂堂，而且还有着少年神童的才名。于是，她的父亲就主动托人到孙家说媒，但这门亲事却失败了，原因是孙公子宣称只娶有才华的女子。

袁枚听说自己的小女弟子居然被人拒绝，真的想和孙家没完。他替席佩兰写了一个招亲广告："家有小女，非诗人不嫁。"

一听袁枚为女弟子招婿，那是轰动一时，求亲者无论是有真才华还是只是识字而已，都纷纷报名，其中也有大才子孙原湘。

袁枚知道后，有意让孙原湘见识一下席佩兰的诗才。不大明白内幕的孙公子，只是傻乎乎见了席佩兰，就立刻被迷住了。

那天刚下过大雪，院子里堆的雪狮子开始融化，席佩兰出了一条上联曰"雪消狮子瘦"，希望有人对上。

孙原湘觉得好像也不难。可就是，忽然间，实在想不出好的下联相对，他只好闷闷不乐地回家。要是袁枚看到他这模样，一定心里暗喜，或者说，这才子，也不过尔尔，怎么就让席佩兰看上呢。

回家后，孙父见儿子无精打采的样子，知道被袁枚的女徒弟难住了。

第二天上午，孙原湘的父亲去求袁枚，这才知道，哇，原来就是那天主动上门求亲的姑娘啊。这下子孙家后悔不已，只好厚着脸皮到席家道歉。

席佩兰的父亲这下开始"耍大牌"了，虽然心里自然乐意，表面还是要抬举自家女儿了，"可以答应，要考察考察"。

过了几个月，八月中秋，席家特地请了孙原湘来席家赏月。

赏月之夜，皓月当空，这时，孙原湘忽然间开窍了，他脱口而出"月满兔儿肥"，并将此作为对子下联交给了席小姐。

雪消狮子瘦，

月满兔儿肥。

好对子，终于，他们走到了一起。完婚后，夫妻经常一起合韵作诗，到处秀恩爱。后来，孙原湘考中嘉庆的进士，也成为著名诗人。他一直推崇妻子的才华，自己也追捧袁枚作的诗，对于诗歌，一直和老师一样追求真性情，而不是循规蹈矩的格律，“生还必须者，诗之主宰也，格律者，诗之皮毛也”。

袁枚培养女弟子才华的同时，顺便还可以成就好姻缘，这估计他自己也想不到吧。

一个男人，对女人的尊重和欣赏，是帮忙她们成就自己，而不是虽然到处宣称尊重女人、爱护女人，把女人当作宠物宠爱，或者表面说女士优先，实际上心里认为女人不配和他们在一起比。从这点看，袁枚的观念不知道先进多少了。

一辈子做男孩的袁枚，八十二岁交代完讣告，要家人特别注意用不俗的纸张，不要用俗气大纸，还要注意给其穿上好袜子好靴子。就这样子，他优雅地告别世界。多年后，他像苏小小一样被人记住。

因为他一辈子没有辜负美食与女人，后人给他的关键词，一个是“美食”，一个是“女人”。

第八辑

沈德潜：天子好友的生前身后事

作为天子好“基友”，生前既荣于诗，死后亦辱于诗。

乾隆沈德潜这段“以诗始，以诗终”的基情，

只有善始，没有善终。

可到底，乾隆也是爱过沈德潜的。

说乾隆不爱沈德潜的，是不理解人类真正的利益和爱是常常并列而行的。

有这么一个传说：有一年冬天，乾隆皇帝赏雪，来了作诗兴致，开始吟诗：

一片一片又一片。

三片四片五六片。

五六片，五六片。

坏了，吟不下去了，卡壳了！

在冷场的紧要关头，这时，有一个人站出来说：皇上的诗写得太好了，请让臣狗尾续貂——飞入梅花都不见。

这个人就是本篇主角沈德潜。这最后一句，让这首数字诗的诗意跃出。

这段是不是特别眼熟？在电视剧《宰相刘罗锅》中，刘罗锅接了这句；《还珠格格》中，紫薇吟出这首诗。小说的这个情节，都是为了表现接续的人是多么聪慧，多么讨皇帝喜欢。

当然这只是传说，实际上，沈德潜的确很受那个曾经以武功著称的天子的偏爱。袁枚诗说这种偏爱是："确士先生七十余，自删诗稿号归愚。青鞋布袜金阶上，天子亲呼老秘书。"

他的身前身后事，从大器晚成，并和乾隆千古友情，到死后遭天子批斗，那是至今脍炙人口，成了多少清宫戏编剧的灵感来源。到底，乾隆皇帝也是爱过沈德潜的，说乾隆皇帝不爱沈德潜的，是不理解人类真正的利益和爱往往并列而行。

生平：前半生落魄江湖，晚年飞黄腾达

沈德潜（1673—1769年），字确士，号归愚，长洲（今属江苏省苏州市）人。出生地就是传说中乾隆皇帝最喜欢的地方，不远万里也要从北京下江南多次。

他一生提倡作诗要讲究“格调”，提倡温柔敦厚的诗教，也就是诗歌要为国家教育人民而用，要具备强大的“精神文明建设”功能。这点，应该是叫盛世的统治者乾隆皇帝异常喜欢的吧！毕竟，这世界上没有无缘无故的爱。当时，诗歌有四大门派——神韵派、格调派、性灵派、肌理派，四大派领袖人物堪比东邪西毒南帝北丐，最叫皇帝喜欢的就是格调派。

他一生一边写了很多歌功颂德之作，一边也写了不少民间疾苦；一边不忘给皇帝兼好友记录太平，一边也不忘记记录时代，有跪舔也有骨气有个性。保留文人风骨的人，都不算完全的“高情商”。

少年早慧落魄滞江皋

他的一生，少年早慧，却荣华富贵晚来。有人说他大器晚成，其实，他的才华早就有了。

作为一个非常早慧的人，少年时期的良好教育与良好的文学熏陶不可少。沈德潜的祖父沈钦圻是明末颇有成就的诗人，父亲沈钟彦也是个小有名气的诗人。

沈德潜少年聪慧，九岁就读完了四书五经。对比一下，我们大多数人在九岁时，应该只会仅仅背诵九九乘法表而已。当然，“00 后”“10 后”的小朋友在当下补习班经济外加“虎妈虎爸”的推动下，应该会背诵叶嘉莹推荐的全部儿童古诗词了吧，但是比起沈德潜，还差了不少。

十一岁，沈德潜已经可以代父授课了。当然，我们现在的教育机构不能雇佣童工，所以，看不到这种天才。如果同班同学里，有一个不仅自己读得好，还能给人讲课的小朋友，我们除了对他感激之外还要来点崇拜。代父授课的他自然很受人喜欢，这时候他就因为小神童的人设非常讨人喜欢，结识了朱彝尊、张大受、尤侗等颇具名望的前辈诗人。

沈德潜还不满自己代课，他十分勤奋，继续前进，白天要读《左传》《韩文》，晚上还要读《唐诗》。这很符合他后来格调派的风格，也许就源于他所读的书——儿时《四书》《五经》加这时白天读历史类图书，晚上读抒情诗歌。

二十二岁，他参加科举考试，一生参加十七次，“共踏省门一十七回”，都没有收获。为了生计，他在二十三岁时继承父业，以授徒教馆为生。就这样，他在苏州当了四十余年的教书先生。

在前半生年复一年的科举失败中，他所遭受的持续打击、所经历的刻骨铭心的痛苦以及深深的悲哀应该是不言而喻的。他在诗中写道：

落魄滞江皋，三年一布袍。长贫真到骨，众论尚吹毛。

这首诗是深入骨髓的自我书写和自黑，也是写实。一个落魄文人，两袖暗淡风雨，寸步难行，有一身想要施展的抱负，却无地发挥，只能留守江边小地方罢了。

“滞”，这个字，用得极好。停滞，滞留，是等待，可是看不到什么时候能再出发的希望。三年，只有一套粗布袍子穿，是太穷困买不起新衣服，还是根本连换衣整理的心情都没有？那是长久的贫苦深入骨髓，久了人也看起来很丧气。写了那么多诗论，也不过是吹毛寻些小差错的小工作罢了。

《岁暮行》中他也感慨自己的遭遇：“终年学道成卤莽，终岁著书俱谬悠。年过四十不得志，开口且莫谈封侯。”

一年到头学圣贤书，作格调诗，不过是得过且过；多年以来，编的书和诗集，不过是荒诞无稽的事情。有何作用呢？已经过了四十不惑的年纪，还是那么落魄。朋友们，和“我”开口，别提什么朝廷中举做官封侯的事情，对“我”来说，太鲁莽、太伤感情了。

这时候的沈德潜，像是吴敬梓《儒林外史》里的范进。当然比起范进，还未到庙堂的沈德潜其实在江湖已小有名气。

沈德潜十八九岁拜师学诗，三十岁左右就有《留饭草》《一一斋诗》等诗歌结集，清初著名诗论家叶燮还为他的文集写序，序中夸赞他的诗："确士向刻《留饭草》，此确士于今人中辟门仞处；今刻《一一斋诗》，此确士于古人中辟门仞处。"叶燮说确士（沈德潜字确士）的诗集达到了当代诗歌江湖门派的高水准。当时虽只有三十一岁，沈德潜已经名噪大江南北，还和当时的大家徐夔等人谈笑风生，华山论诗，水平不知道多高。连清前期词坛"神韵说"门派领军人物王士祯也对他的诗才颇有赞赏。如果清初的诗坛是东邪西毒南帝北丐中神通，沈德潜已经是青年时候的黄药师、洪七公或欧阳锋了。

到四十三岁，他出版了多部诗集。沈德潜开始潜心，更深入地去理解诗，转向诗歌理论研究。百尺竿头更进一步，他批选了唐诗十卷，名《别裁》，就是大名鼎鼎的江湖名作——《唐诗别裁集》。今天的人们要研究唐诗，绝对不能绕过这本大作。那时的沈德潜，相当于现在的教授了。当然，他笔耕不辍，到第二年，四十四岁时开始选《古诗源》。

这一时期，他硕果累累。

四十九岁，整理了个人文集《归愚时文稿》。

五十岁，刊刻了个人文集《竹啸轩诗钞》。

五十三岁，正式出版《古诗源》。

五十九岁，写成《说诗语》。

六十岁，与周准合辑《明诗纪事》，顺便还写了《通志图说》。

六十二岁，完成《明诗别裁集》。

六十五岁，批唐宋八家文选《明墨》《和声》。

乾隆三年（1739 年），六十六岁，刻成《归愚文续》十二卷。

要是按现在的话来说，就是著作等身的教授！

只是可怜他生活在清朝，虽然他心态还好，可是当时的价值观，就是“学成文武艺，货与帝王家”。对于沈德潜这种深受儒家出仕思想影响的人来说，还是把科举入仕当作正经事。

所以，这些年，他“屡进屡抑，确然自守，不怨不尤”。

每一次努力考科举，每一次都没有成功，但是“我”要做好自己，过好自己生活，没有抱怨，没有牢骚，生活还是平静喜乐。

看到别人中举，他的心态也不错，比如答谢状元彭启丰远问时所作的《答彭翰文殿撰》一诗中，可以看出沈德潜是一个屡试不第却和颜回一样自得其乐的老秀才。

海宇传三策，经纶滞一身。行藏均努力，事国与安贫。

国境内早有文章传播，那么多经史子集圣贤书滞留在“我”的脑里，在“我”的心里，在“我”的体内，没有机会发挥。无论是行万里路，藏万卷书，都需要刻苦努力。为国报效，为天地立心，为生民立命，为往圣继绝学，为万世开太平，自然是我们读书人的美好梦想。可是，若没有机会实现梦想，安贫乐道，不改治学之乐，也是人生美事啊。

这首诗，写出了他多年未中举的落魄人生的光亮，不是一丝丝的光亮，是可以明窗寂寂的和煦光亮。温柔敦厚的亮度，不暗淡也不强烈，和他的诗教倡导一样，也和他的性格一样——为隐者亦能乐。

这种心，是儒家圣贤真正提倡的，比如圣人孔子说他最爱的学生是颜回，因为：

贤哉回也，一箪食，一瓢饮，在陋巷，人不堪其忧，回也不改其乐。贤哉，回也。

颜回是多么贤德的人啊！一碗饭，一瓢水，住在简陋的小巷子里，别人都不能忍受这种穷困清苦，颜回却不改变他（爱好学习）的乐。

这确实是讨人喜欢的性格，也许，这种性格可以解释为何乾隆皇帝喜欢他吧！

晚年富贵：殿上君臣诗中僚友

清乾隆元年（1736 年），清廷开博学鸿词科。沈德潜受荐至京，廷试时再次落选，乘舟南归行至黄河时，又遭风溺水，虽侥幸保得一命，所携物品却荡然无余。

此时他年逾花甲，在经历一次又一次的挫折后，心中充满了苦涩。清乾隆三年（1738 年），六十六岁的沈德潜终于考中举人。

清乾隆四年（1739 年），沈德潜终于以六十七岁高龄考中进士，被朝廷选为庶吉士，也就是朝廷集中培训的预备官员，清政府管培生的意思。清代的科举考试，不像现在的公务员考试，当时不限制年龄，这也给了沈德潜机会，要不然，六十多岁的沈德潜，应该写诗编书后，去广场上和大妈跳舞。

三年后，他们这批庶吉士学习结业。袁枚和沈德潜，都在其中。乾隆皇帝接见他们，发现名册上有位七十岁的，便问谁是沈德潜，沈德潜起身拜谢。乾隆皇帝听说他是“江南老名士”，好奇心上来，似乎想和他搭讪。

“文成乎？”曰：“未也。”

上笑曰：“汝江南老名士，而亦迟迟耶？”

（袁枚：《小仓山房文集》卷三）

这是君臣二人的初次相见，被当时年轻的文人袁枚记录下来。写了很多轶事的袁枚自然要记录这相见的情形，也许带有对君王无缘无故喜欢一个人的羡慕吧。

初次见面，才二十几岁的乾隆皇帝还不大会搭讪，问沈德潜：卷子写好了吗？耿直的沈德潜很坦诚地回答：还没有呢！

乾隆皇帝笑了，不知道是尬笑还是好玩的笑，说，你是江南老名士啊，怎么还没写完呢！

似乎有好感的见面，尬聊也不是什么坏事，反而看到尬聊中的腼腆。笨拙，常常才是真情啊。

三天后，沈德潜被任命为翰林院的编修。

到六月九日，新官轮班引见。乾隆皇帝让沈德潜和诗《消夏十咏》，沈德潜遵旨，笔墨挥毫，很快写好进呈。

乾隆皇帝看了以后，很欣赏，非常高兴地颁了赏。

接下来，沈德潜又奉命和《柳絮》《落叶》等诗，每次都得到年轻的乾隆皇帝的欢心。从此，乾隆皇帝一作诗，便要叫沈德潜来和。

二人开始了一段难得的君臣感情，激情四溢，沈德潜也由此过上了富贵的晚年生活，之后便迎来了人生的转折。七十岁这年成为七品的翰林院编修后，他的官运更像忽然坐了直升飞机一样，一飞冲天了。

清乾隆八年（1743 年）春，七十一岁的沈德潜迁左中允，后又迁侍读、左庶子、侍讲学士，充日讲起居注官。第二年，充湖北乡试正考官，迁少詹。第三年，晋詹事，充武会试副考官。如此迅速地升迁，沈德潜受宠若惊，不禁发出这样的感叹："君恩稠叠，不知何以报称，窃自惧也。"

遇到高升，自感恐惧，多于得意，这份腼腆，叫人喜欢。

乾隆皇帝对大臣们说：沈德潜是个谨慎诚实的人，可惜年岁很高才被发现。我之所以接连提拔他，是为了鼓励年龄大而没有停止学习的有志之士。

从乾隆皇帝的说法来看，提拔他是为了告诉世人，活到老学到老是多么可贵，还能得到朝廷实实在在的嘉奖。毕竟，一方面看，只是为了科举考试而不热爱学问的人，是无法真正长时间藏身于书中安贫乐道，能学到老的人，必定是热爱学问之人。乾隆皇帝怎么会不喜欢这种"单纯"热爱学问的人呢？另一方面看，沈德潜的诗歌倡导，非常符合盛世皇帝的喜好。沈德潜强调"温柔敦厚"，强调诗歌教育民众热爱生活、热爱祖国，这种积极向上、有利于朝廷统治的"精神文明建设"实在难能可贵。作为统治者，实在是打着灯笼也要找到这沈德潜才对。

何况，乾隆皇帝这种热爱诗歌热爱书法热爱艺术的皇帝，正需要有人陪他玩玩。

乾隆皇帝是什么人呢？除了皇帝这个职业，他特别喜欢书法，表现在他喜欢到处题字。他也特别喜欢艺术，表现在他疯狂收集有名的书画作品，然后在上面题字，还盖上自己的印章。他还喜欢写诗，当然这个爱好没有什么槽点了。乾隆皇帝这辈子究竟写了多少诗呢？据《晚晴簃诗汇》卷二上讲：御制诗五集、四百三十四卷，共四万一千八百首。这四万多还不算登基前的诗集《药善堂集》，太上皇时候写的《余集》，加上《全韵诗》《圆明园诗》。真可谓才同倚马，诗可汗牛，一人写的数量，相当于《全唐诗》之总数。连编写《四库全书总目》的手下看了都叹为观止："自古吟咏之富，未有过于我皇上者矣！"的确，即使是历史上那些专业诗人、高产能手如李白、白居易、陆游的诗都加起来，也没有这位职业为皇帝，要日理万机的乾隆皇帝写得多。

爱书法爱题字爱写诗的乾隆皇帝自然喜欢沈德潜。他给予沈德潜的宠幸，即使在封建社会也是十分罕见的。吴敬梓笔下富贵晚来的范进"瞠乎其后"比不了。沈德潜得到的，不只是富贵，是宠溺啊。

他在朝廷任职的十年间，可以被特许出入禁苑上书房与乾隆皇帝饮酒赋诗，一起谈星星谈月亮，从诗词歌赋，谈到人生哲学。那时候，他俩"君和臣韵""君臣联句"，多么美好的画面啊。到现在，那么多刘罗锅或纪晓岚和乾隆皇帝君臣联句的画面，编剧一开始都是从沈德潜的奇闻轶事里找来灵感的吧！

二人不仅喜欢互动写诗，乾隆皇帝的诗不少也是沈德潜帮忙润色。据《清稗类抄》里讲，乾隆皇帝还一次交诗稿十二本给他，命之曰："改几处，均依汝。"乾隆皇帝放心地把诗歌给沈德潜，因为他眼里沈德潜的诗是"诗当不朽照千秋"。这样的人帮自己润色，再好不过了。

除了热爱诗，也许，都是深情之人也是他们俩互相欣赏的原因。众所周知，乾隆皇帝一生最好的诗歌和真情，都在对孝贤皇后的悼念中。对于深情之人，他自然是欣赏的。清乾隆十一年（1746年），沈德潜被任命为内阁学士，此时他的夫人俞氏已去世。他夜梦夫人，醒而成诗。乾隆皇帝看到后，太感动了，对他说道："汝既悼亡，何不假归料理？"就这样，沈德潜有了长假回乡归葬。

乾隆皇帝不仅给他好日子，还给他三代封典并赐诗，其中有诗句说"我爱沈德潜，淳风挹古福"。此诗在文坛宦海引起反响，有位叫作钱陈群的侍郎嫉妒地唱和道："帝爱德潜德，我羡归愚归。"一时间，这到底也是一段超越君臣关系的佳话。

这种君王对臣子的宠爱，不只是在朝堂，连沈德潜告老回乡都还情意绵绵。

他七十岁时，乾隆皇帝召其讨论历代诗源，他博古通今，对答如流，乾隆皇帝大为赏识。后乾隆皇帝又为他的《归愚诗文钞》写了序言，并赐"御制诗"几十首于他，在诗中将他比作李

（白）、杜（甫）、高（启）、王（士祯）。

清乾隆十三年（1748 年），七十六岁的沈德潜请求告老还乡。这个时候，沈德潜早就比我们现在的法定退休时间多工作了十几年，在清朝那个人均寿命短得多的年代，乾隆皇帝还舍不得让他走，仍命他“上书房行走”，意思是，沈德潜啊，要多来上书房和朕聊聊啊。

第二年，沈德潜七十七岁了，再次提出请求告老还乡，乾隆皇帝很舍不得，虽然最后还是答应了，但苦苦挽留他，希望他帮助校好乾隆皇帝个人文集《御制诗集》后才走。

临行，乾隆皇帝还恋恋不舍，召见他说：我一见你便知好人，你回去和你乡亲们说说孝悌忠信这些，帮助江南基层人民建设好精神文明，就是你为祖国效力啦。

爱写诗，爱一起唱和的乾隆皇帝当然也要写一首诗为他送行：

清时旧寒士，吴下老诗翁。
向每诵新句，犹然见古风。
行歌非杜误，晚达胜郊穷。
三载春卿署，扁舟故国鸿。
还朝嘉尔信，毓德启儿蒙。
辞老思莼碧，遗荣解组红。
岂能频强起，且以风谦冲。
近稿经商榷，相知见始终。

离开京城那一天，乾隆皇帝又为他加了尚书衔，使这位老诗人衣锦还乡，格外荣耀。离开了，还那么依依不舍，还不忘为他多做一点事。

当然，这种情，怎么会因为两地茫茫而结束呢？

沈德潜还乡后，把他整理的个人文集《归愚集》进献给乾隆皇帝，乾隆皇帝亲自为这本诗集作了序。

沈德潜八十岁的时候，又把他著的《西湖志纂》献给乾隆皇帝，乾隆皇帝给这本书题了三首绝句代序。在他过生日时，乾隆皇帝为他祝寿，赠了一块御书“鹤性松身”匾额。后来，这位有情皇帝还特许为沈德潜建了一座庙祠，赐匾额曰“诗坛耆硕”。

沈德潜年老归乡后，乾隆皇帝多次下江南，而且几乎每次都要他来陪护，还要一起唱和几首诗，还将九十岁的沈德潜晋阶为太子太傅、太子太师。就算这些官衔都是没有实权的荣誉称号，那对于一个耄耋之年的人来说，是荣耀，是安慰，更是说明乾隆皇帝喜欢沈德潜，一直给他最好的安慰奖。

多次下江南中的一次，清乾隆十六年（1751 年），沈德潜赶到清江浦迎驾，乾隆皇帝作诗送他一句：“玉皇案吏今烟客，天子门生更故人。”

天子的门生，不能简单理解为学生，大约更接近臣下之意。可是，沈德潜，怎么只是天子门生，是故人啊。皇帝能当臣子为好朋友，人间难有。

也难怪时人说沈德潜“诗人遭际，自唐宋至清朝，以长洲沈尚书为第一”。

对于沈德潜，最可贵的是，没有成为佞臣，这才是他为何能得到盛世君王喜爱的原因。发达后，甚至是得到“旷古未有”的君王宠溺之后，沈德潜并没有因此就沾沾自喜嚣张跋扈，更没有以势压人，一如既往地保持发达前的心境，始终温柔敦厚。虽多少有附和皇帝之意，却也没有完完全全把皇帝的喜好当作自己的唯一喜好，是诚恳有赤子之心之人。

当年，在沈德潜发达时，著名文人袁枚对沈德潜的学说不满，曾接连两次写信《答沈大宗伯论诗书》《再与沈大宗伯书》要和他约辩，这两篇很有约战的气势，但沈德潜似乎一点儿没放在心上，根本没有因为被批而心生报复。

他七十岁时写了《七十咏怀》，我们能看到一个还会自黑，不自傲，在学术上孜孜不倦、谦逊刻苦的老者模样。

鸟影匆匆过，蹉跎七十年。童心仍少岁，耄学愧前贤。

时间流逝像鸟一样飞过，就这样子，“我”就蹉跎到了七十岁。虽然白发苍苍了，可是“我”似乎还保留一颗童心。“我”的心，像个孩子，“我”的学问，似乎也像个孩子一样，有很多天真之处，却也有好多值得“我”去探索的地方。可惜学识还不够前代巨人，也无法好好帮忙他们继往圣之绝学，“我”愧对前代圣贤啊。

也许是自黑，可是我相信这除了自谦，还是发自肺腑的真心之言。毕竟，学问越深厚，就越发像个孩子，成年人有各种思想禁锢，童心更加接近天才。保持童心，一个是真正在童年的那种心态，还有便是看过很多风景读过很多知识到极致后返璞归真的真。对学术，沈德潜认为自己“滑稽吾未敢，秉烛继余晖”，不敢自称是那种言辞流利的人，点上蜡烛，在夜灯下继续苦读，发挥余晖罢了。最怕聪明人下苦功夫，也许他比不上同期最厉害的高手，却也是有自己的一番成就。

天子宠爱却不做作，落魄时能安贫乐道，这心态大约是为何他可以被天子喜欢，更是为何他可以活到九十七岁缘由的养生之道吧！

可怜身后事：以诗始以诗终的情

沈德潜与乾隆皇帝的裂痕最早是因为沈德潜把乾隆皇帝讨厌的人编入《国朝诗别裁集》。

那是寻常的一天，沈德潜终于编好了《国朝诗别裁集》，大事刚刚做完，他迈着轻快的脚步，请好友乾隆帝作序。

不料，乾隆皇帝一翻看，头一章就是钱谦益啊。乾隆皇帝特别不喜欢这人，觉得他是贰臣中的末流，两面三刀，人品实在不咋样，还恨屋及乌觉得他的诗只配去盖酒坛子呢。

谦益诸人为明朝达官，而复事本朝，草昧缔构，一时权宜。要其人不得为忠孝，其诗自在，听之可也。选以冠本朝诸人则不可。钱名世者，皇考所谓名教罪人，更不宜入选。

这种人，明朝当大官深受皇恩，说投降就投降，投降了还不忠于本朝。做事，是精致的利己主义者啊，目的只是过好日子，一点儿没有家国忠义。他的诗，听听就好了，怎么能入选这“大清好诗歌”呢？“我”爸爸最讨厌这种名教罪人，名门正派中的渣，实在不能入选。

慎郡王，朕之叔父也，朕尚不忍名之。德潜岂宜直书其名？至世次前后倒置，益不可枚举。命内廷翰林重为校定。

还有这个“我”的好叔父慎郡王，“我”都不忍心排名这么落后？你沈德潜怎么就把他放得那么后，让“我”才华洋溢的叔父，取代钱谦益吧。

后来，沈德潜自然遵照乾隆皇帝的意思做了整改。

当然，皇上喜欢沈德潜的时候，这不算什么事。只是这多少为沈德潜去世后被夺去尊贵之享，埋下伏笔。

清乾隆三十四年（1769 年），也就是沈德潜去世那年，乾隆皇帝开始销毁钱谦益诗文集。可这时候，两江总督告发沈德潜家存有钱谦益诗文集。

是时上命毁钱谦益诗集，下两江总督高晋令察德潜家如有谦益诗文集，遵旨缴出。会德潜卒，高晋奏德潜家并未藏谦益诗文集，事乃已。

这段记载说沈德潜去世后，在细查之下，发现沈德潜家中好像并没有钱谦益文集。

这似乎是乌龙事件。看多了阴谋论和宫斗剧，我们也许会联想到可能是乾隆皇帝令人偷偷销毁了证据，保护了沈德潜。如果是这样，乾隆皇帝一边帮忙销毁证据，一边也有些心寒。为什么当初你编“大清好诗歌”把“我”最讨厌的钱谦益列在首位；为何你早知道“我”是讨厌钱谦益，你却还把他当偶像，收藏他的诗文专辑。

后来，乾隆皇帝的“画风”渐渐变化，和登基初期不同。一开始，他登基后一改其父的严酷作风，实行了较为宽松的政策。他本人又爱好诗文，加上沈德潜的诗学唐音，以温柔为教，对维护和加强清王朝的统治十分有利，因此，沈德潜就这么被皇帝器重宠爱。

渐渐地，文字狱频频，愈演愈烈，沈德潜虽然去世，却多少也被卷进风波之中。比如，清代四大文字狱案中的一柱楼诗案。

那是在清乾隆四十三年（1778 年），江苏东台县监生蔡嘉树因与举人徐述夔孙子徐食田争夺田地不成，心生怨恨，用了极其恶毒的方式报复。

蔡嘉树无法用无赖的低价强买徐家田地，听闻朝廷在全国范围内查禁书，就向朝廷告发徐述夔所著《一柱楼诗集》中有煽动反清复明思想：“清风不识字，何故乱翻书。”“明朝期振翮，一举去清都。”“大明天子重相见，且把壶儿搁半边”……污蔑称“壶儿”被判为“胡儿”之谐音，外加“明朝”去到“清都”这几句，显然可以说明作者有反清复明之叛逆。就这样，徐述夔父子已经去世十多年，还是被开棺戮尸，枭首示众；孙子徐食田还有为该书作跋的毛澄、校订者徐首发、沈成灌等人被处以斩监候。

死者戮尸，生者凌迟、绞杀，家族亲友沦为奴隶，手段残忍，震骇天下！

如此骇人听闻，其实是撞上乾隆皇帝要在文字狱方面抓典型，至于徐述夔那几句牢骚话是不是真有怀念明朝的反清思想，也许并不重要。

这个一柱楼诗案，让整个江南士子惶惶不可终日。

可这《一柱楼诗集》上，有沈德潜为徐述夔所作的序，里面夸这文章都可以当模范了，“其品行文章皆可为法”。看到这个序，乾隆皇帝不禁大怒，指责沈德潜，为什么你对这种悖逆的诗句都不痛恨反而为他写序赞扬，你理应谨慎自持，乃敢视悖逆为泛常，为之揄扬颂美，实属昧良负恩。

这时候残忍的乾隆皇帝感到其并没有受到沈德潜的真正崇拜和服从，就“夺德潜赠官，罢祠削谥，仆其墓碑”，把生前的荣誉一并勾销，还推倒了墓碑。

当初，因为乾隆皇帝需要好的诗教楷模，他就爱上了沈德潜；后又因为沈德潜的诗论和推崇没有符合他的统治需要，多少心生不悦；最后，因为沈德潜给“反清复明”的诗文作序，就夺去了沈德潜所有的身前荣耀，还推倒墓碑。

这样说好像乾隆皇帝只是为国家的利益和需求去爱沈德潜，乾隆皇帝究竟爱不爱沈德潜?

到底，乾隆皇帝还是爱过沈德潜的。说乾隆皇帝不爱沈德潜的，是不理解人类真正的利益和爱往往并列而行。沈德潜生前也是爱乾隆皇帝的。说沈德潜不爱乾隆皇帝的，也是不理解人类真正的利益，加上生存之需，都和爱并列而行。

一段超越君臣关系的孽缘，最终没有好的结尾。不过，活着时候的沈德潜，还是得到了千古难得的荣宠。

人如其诗：一个典型的盛世诗人

沈德潜叫皇帝喜欢，大约是其符合那种盛世的样子——康乾盛世中，一副温柔敦厚、岁月静好的模样，这应该就是盛世君主喜欢的样子。沈德潜还保持了一种文人不油腻的感觉，也保持着文人的风骨，还有一些对民间天灾人祸个体悲苦的敏感。人如其诗，一个典型的盛世特征诗人，应该就是如此。

盛世之声

作为清代唐诗学的最后一位大家，沈德潜不仅仅受到唐诗的影响，还受到康乾盛世的大气候影响。

他这一生，一直保持一种盛世文人的雍容：一边是“生平喜咏诗，风旨别雅郑”的雍容，另一边是保持“居心贵和平……立身贵中正”的气质。这大约就是盛世君主乾隆喜欢的感觉，盛世，需要盛世的文学作品，沈德潜的诗歌观念，就是盛世之声。

沈德潜重视诗歌的政教功能，他认为诗风应该与国家气质相联。乾隆时代，是大清国昂首挺胸的盛世时期。经济的繁荣发展，召唤出一种与之相适应的阔大恢宏的气象。他虽然一直主张多种风格并存，但反对宋词中的气质，他认为这是国力不昌的表现，主旋律自然是唐音。

所以，作为一个出生于康乾盛世又重视诗歌气质要和时代气质相融合的诗人，在唐音与宋调之中，他必然会选择唐音，也必定会选择唐诗中最表现盛世的那些。他最推崇初唐和盛唐的诗。初期的盛气，盛期的繁荣，显得后来的中唐诗“渐秀渐平”，不够有元气，越发“元气不完，体格卑而声调亦降矣”。无论是题材、气质，还是声音的腔调，中唐诗都有一股渐渐衰弱之感，不能和盛唐相比。至于晚唐嘛，那简直是靡靡之音:“晚唐人古诗，秾鲜柔媚，近诗余矣。”文艺不是才子佳人，不是酒席歌宴，特别是有些只唱艳曲的，实在是成何体统啊？太不合诗教了。

所以他编的唐诗别裁，将诗歌带回到初唐盛唐的所谓正统上，“文慤（沈德潜谥号）论诗以和平敦厚为宗，故所选《别裁》诸集，皆禀斯旨，海内风气为之一变。扫芜响，振古音，文慤之力也”。

他人如其诗，就是一个为主旋律奉献一生的盛世诗人。当然，只有主旋律的一面，不大可能讨人喜欢，甚至还会有些油腻。沈德潜却除外，自然不是那么油腻。

沈德潜笔下的康乾盛世，“内外一统，万方宁谧”中的“触目总荒凉”

一个男作家若是有钱了，多少带了一分俗气，原先敏感的感知力变得粗粝起来。沈德潜作品中的精品也来自他落魄的时期，毕竟，要是一个诗人一辈子的作品仅有对国家盛世的称赞，难免油腻。沈德潜是皇帝的爱臣，不是皇帝的佞臣，自然不能太油腻。如果文章只有“请不要辜负这个康乾盛世”，那就不是沈德潜了。

沈德潜的诗文中，自然少不了对朝廷的赞颂，温柔敦厚的沈德潜《旧边诗九首》就是这类颂诗。

《旧边诗九首》序一开始就说“我国家内外一统，万方宁谧”。

然后，对比过去时光，思甜以后再忆苦“阅明史，见季年屯政不修，边事日坏，民生凋敝”，所以，要写这组诗，“因作旧边诗九首，述往事，盖以庆太平也”，告诉大家今天的好日子来之不易。

序和诗的行文结构，是“80 后”们年少时都写过的改革开放的赞歌。当然，沈德潜文笔、用字，不知比我们高出多少来。这组诗，就是忆苦思甜，回忆明末社会的腐败和黑暗，歌颂乾康盛世的美好生活。

万方宁谧，我们国家的亿万个角落，宁静和平。这四个字于平静中描述盛世，而非在锣鼓喧天里呼喊。无论用字，还是其中的气质，胜过有些盛世春节的噪音。

盛世之下的个体，难免在天灾和人祸中艰难前行，盛世中的艰难，也一直是沈德潜笔下记录的对象。

他在自己的年谱里记录了清乾隆二十一年（1756 年），“荒歉以后，民食榆皮，兼掘山粉。因之诊疫大行，死人载路”“无方谋粮食，到处弃童儿”“故鬼连新鬼，招魂不返魂”“插漪后，六月无雨，禾欲枯。富户赈贫不能齐力，长官督责吏役侵渔”。

前年儿女随路豁，今年儿女无翻处。子弃死妻弃死夫，同行不顾妇与姑。道旁过者那敢视，乌鸢啄尸满路隅。

连年山左荒，齐鲁一路哭。掘草剥树皮，形状如鸠鹄。夫妇两相弃，儿女无处鬻。人肉上砧俎，骸胔乌鸢啄。

他的笔下，荒年歉收后，大好河山，满目疮痍。可怜的人们把树皮和草根都吃没了，路边的榆树只剩脱了皮的模样。瘟疫蔓延，一路饿殍遍地。夫妇相弃，儿女流离失所，饿着逃荒的年代，儿女不过是负担。

这些记录现实的作品，触目又惊心。难怪刘大杰先生在《中国文学发展史》中说：沈德潜的诗如《民船运》《刈麦行》《挽船夫》《夏日述感》《晚秋杂兴》诸篇才是佳作。这些诗歌也许没有那么温柔，和敦厚也没多大关系，不是初唐、盛唐的味道，反而是中晚唐杜诗那种诗史的味道。比如这首《挽船夫》：

县符纷然下，役夫出民田。

十亩雇一夫，十夫挽一船。

挽船劳力声邪许，赶船之吏猛于虎。

例钱缓送即嗔喝，似役牛羊肆鞭楚。

昨宵闻说江之滨，役夫中有横死人。

里正点查收藁葬，同行掩泪伤心魂。

即今水深泥滑行不得，身遭挞辱悲辛。

不知谁人归吾骨，拼将躯命随埃尘。

茫茫前路从此去，泊船今夜在何处？

该诗用古体歌行形式，“半自由体”的句式，平仄和韵脚均有变化，更易于表现那颤动着的封建社会末期人的忧伤和迷茫。这首诗写得很有力量，记录服劳役船夫的悲惨生活，是沈德潜诗歌创作上的突破。

诗分三层，开篇五言四句是第一层，写船夫来历，县符的挽船之令来得多而杂乱，劳役之苦则落在了劳动人民的身上。下面是两个“十”，“十亩雇一夫”，是说赋役之重，一个役夫需要负担十亩田产；“十夫挽一船”，是说劳役之重，十个役夫拉一条船。接下来八句七言为第二层。“劳力声邪许”，有声有色地描写了船夫劳役之苦。“邪许”是船夫背纤时的号子。比猛虎还凶猛的赶船小吏在后面催逼。更雪上加霜的是，例钱送慢了还会遭喝骂，层层盘剥下劳夫又有多少钱呢？那些官吏对劳夫鞭抽棍打，像对待牛羊畜生一样。最可悲的是，昨夜听说江水滨有横死人，真是可怜无定河边骨啊，把船夫们逼死之后只是随随便便用草席掩埋一下就算了，同行人无不掩泪又伤心。

后六句为第三层，说未来茫茫，天又阴，水又深，泥又滑，身又累。如今水深泥滑行不得路，身体被鞭打，心中更悲苦。“横死”的同伴已矣，船夫伤心掩泪之余，瞻望前途，“水深泥滑行不得”。不知谁能收“我”尸骨回故乡？尸骨能否还乡？他毫无把握。拼着生命躯体归尘土，谁人归吾骨？想到前路，不知今夜船泊何处？茫茫前路，身在何处？命在何处？

他们一无所有，身上剩下的，唯有贫苦、艰难与无奈。

一层比一层写得情真意切，诗末推向高潮，对劳动人民的悲悯到极致。第三层中直用第一人称“吾”，好像和纤夫一起劳动、挨打、伤心和叹息。题目只是“挽”，可所写的早已大大超出“挽”。

沈德潜的这首诗，也许是他一生中最有深刻意义的一首诗。温柔敦厚的诗风早已无影无踪了。可也只有如此的诗歌，才可以使他和写油腻颂歌、和应制诗的“御用诗人”区分开，才能成为和俄国列宾《伏尔加河上的纤夫》好似遥相呼应的一代杰作。

写下盛世“内外一统，万方宁谧”下的“触目总荒凉”，才是沈德潜。

温柔敦厚：盛世诗人笔下的《江村》

对于沈德潜而言，“触目总荒凉”的诗较少，更多是讲格调，又讲温柔敦厚，其中代表作就是《江村》。

也许对于我们来说，江村，是刚刚过去现代中国的一个剪影，因为费孝通的《江村经济》，通过一个村庄看到了一个中国。对于沈德潜，也许这首《江村》，也可以折射出清朝的缩影。

苦雾寒烟一望昏，秋风秋雨满江村。
波浮衰草遥知岸，船过疏林竟入门。
俭岁四邻无好语，愁人独夜有惊魂。
子桑卧病经旬久，裹饭谁令古道存？

这首诗写的是沈德潜乘船去江村看望一个贫病交加的朋友。

“苦雾寒烟一望昏，秋风秋雨满江村。”前两句破题，描写了江村的画面。苦苦的雾，寒冷的烟，眼前是一日的黄昏，也是一年的黄昏。秋风秋雨，用萧瑟笼罩江村，“满江村”的“满”字，呈现的全是一幅凄风苦雨。苦和寒，本是形容心情的，沈德潜拿来形容烟雾这种自然景象，给自然画面添得了许多人的情绪。

烟雾是弥漫的，让眼前有些模糊，所以四顾茫茫，眼前所见都蒙上了一层灰暗凄凉的冷色调，像是中国绘画中的荒芜景象，也许在当时清朝画家查士标的水墨画如山水图轴中可以见到。当然沈德潜的画面不大一样，沈德潜的江村画面，显得更加荒凉和苍茫。

水波中飘浮的衰草，诉说着船即将到岸。船，划过一片稀疏的树林，哪知竟已到了朋友的家门口。行舟随着见朋友的心情一起流动，伴着“衰草”“疏林”，作者看到的是江村生活的寂寞和凄清。

“俭岁”，歉收的年头，人们失去了往日的欢声笑语，包括沈德潜要拜访的朋友也是愁苦的“愁人”。邻人都没有来往，更何况对好友伸出援助之手呢？“我”的好友这么可怜，孑然一身，要挨过这漫漫秋夜，还好，沈德潜的来访给这位好朋友带来了惊喜。

最后两句借用庄子的典故。《庄子·内篇·大宗师》中有一对好朋友子舆和子桑，子桑生活贫困，某次下了十天的大雨，子舆担心子桑得病，裹了饭给子桑送去。这里发问，如今，这种裹了饭给朋友送去的好事还有吗？慨叹世风日薄。

这首诗表面是说好朋友的穷愁潦倒以及要和他相濡以沫的真情，其实，多少也有对自身悲苦的长叹。六十七岁的沈德潜屡试不第，生活在苦闷与失意之中，不知道，能否有好友愿意裹饭菜来看他。

这首诗中，时间流逝的顺序和景色的变换，在叙事中都是那么工整排列。第一句，舟行所见；第二句到将近朋友居处；第三句看到好朋友，好朋友也对他的来访非常惊喜；最后一句感慨不知道这种送饭给朋友的古道还在不在，可见此诗的脉络颇具匠心。全诗八句，完整写了访友的事情，叙事中有景也有情，有叙也有议，多么讲究诗歌结构的完整与叙事的含蓄凝练。沈德潜论诗是以唐为归，最讲究格法技巧的完美与表现的蕴藉之美，此诗就能看出沈德潜的诗歌结构主张了。

人如其诗

人如其诗，沈德潜见过盛世下的触目惊心，也是盛世和平年间人，温柔敦厚是其性格。

诗也如其人，沈德潜希望诗歌也是温柔敦厚，“故不致如格调、神韵说之空廓，同时也不致如专主性灵者之浮华与俚俗”。平和，安静，不是格调派那么空远悠长，也不是性灵派那样的真我性情，毕竟真性情在他眼里难免浮夸和俚俗。想来，性灵派真性情这种性格，好像电视剧《还珠格格》中的小燕子，在沈德潜眼里一定是浮夸和俚俗。还好电视剧里没有沈德潜，若是有，诗如其人的沈德潜，对待小燕子，多半又爱又无奈又想像父亲那样说她几句吧！

第九辑

孙原湘：我的妻子，是我的知己，亦是我的情人

现代婚姻制度与以前的最大区别就在于，它要求我们对爱情、性和家庭的所有欲望都针对同一个人。

这并非不可能，可惜太罕见。连爱情都罕见的时候，又何苦要求爱情的对象可以满足对家庭对社会期待的各种呢？

现代一夫一妻的婚姻制度在中国也就百年时间，真正实行起来也就六十多年。

可是在大约两百年前，乾嘉时期的孙原湘，从才女妻子席佩兰身上，获得了红颜知己、爱人和情人等多种满足。

从闺房到学舍，夫妻之间吟诗作对，这不只可以写进文学史，更可以写进婚姻史吧。

写给妻子的信是远离情欲的“得体”

写给妻子的诗文，在古时候叫作赠内诗，大多很正经，因为古人对于婚姻和妻子的要求，和爱情无关，和社会要求的“得体”有关。从孟老夫子开始，对妻子的要求，就是得体。有一天，孟子回家发现妻子在卧室里穿戴不整齐，动作还有些“开放”，认为严重违反了礼教，孟子想过“离婚”。

看那些传世名篇中写给妻子的赠内诗，大都很正经，颂扬的是美德，而非爱情，比如白居易等；写妻子的诗，大都和美丽无关，比如杜甫等。

《赠内》

白居易

生为同室亲，死为同穴尘。他人尚相勉，而况我与君。

黔娄固穷士，妻贤忘其贫。冀缺一农夫，妻敬俨如宾。

陶潜不营生，翟氏自爨薪。梁鸿不肯仕，孟光甘布裙。

君虽不读书，此事耳亦闻。至此千载后，传是何如人。

人生未死间，不能忘其身。所须者衣食，不过饱与温。

蔬食足充饥，何必膏粱珍。缯絮足御寒，何必锦绣文。

君家有贻训，清白遗子孙。我亦贞苦士，与君新结婚。

庶保贫与素，偕老同欣欣。

“生为同室亲，死为同穴尘。”第一句，的确是要和妻子携手一生。可是再看下去，并没有男女之情意绵绵，说教告诫才是大多数，越看越理解婚姻的本质是一种男女合作的合伙人方式，而非爱情。接下来，整整十二句，列述古代四个不嫌弃丈夫贫穷困苦的贤德妻子，希望杨氏能继承其美德。他告诉妻子，男人就算贫穷，妻子若是贤惠，也会忘记贫之苦。战国时隐士黔娄宁可贫穷也不去做官，他的贤妻跟着他，心甘情愿，过贫困日子。农夫和妻子相敬如宾。陶渊明不为五斗米折腰，妻子自力更生烧火做饭操持家务。东汉也有隐士梁鸿弃官职，他的妻子孟光也随其隐居，不穿高贵的衣服，穿起了百姓的裙衣。“我”的妻子啊，你虽然读书不多，可也听过这些夫妻感情至深的故事吧!

接着，白居易希望妻子也和那四个人一样淡泊物质，想想千百年后，被传颂这种高尚品格的是什么人?白居易对新婚妻子强调的不是爱情，是希望一起注重“精神文明”——“清白遗子孙”，希望妻子能够和自己遵守传承家训，甘于清贫，到了白头也快乐欣喜。

白居易太过于理想化，不知道唐朝的女子如何感想，换在现在，在微博或者公众号上发出这样一首《写给妻子的信》，大约会有很多诸如“这样的人找得到女朋友吗”这样很多不友好的留言。

杜甫写给妻子的信，没有刻意、正式地来一封《写给妻子的信》(赠内)。随意的非正式的诗，或许更有生活气息和真情。可惜，杜甫笔下的妻子，和美丽无关，不可能是艳诗，有陪伴，缺乏情欲。

杜甫称呼妻子，统统是一个特别缺乏美感的词——老妻。而实际上，根据考证，杜甫比妻子大了十一岁，或者甚至还有考证说是大了二十一岁。“老妻画纸为棋局”“老妻书数纸”“老妻忧坐痹”“老妻寄异县”……

就算写给妻子的诗里，多了很多情和思念，从相濡以沫到亲情一般的依恋，或是无法从生命抹去的想念，这种情感也分不清是否和爱情有关。比如苏东坡。苏轼对前后两位夫人都是敬爱，他著名的《江城子》“十年生死两茫茫”悼念少年夫妻王弗，到晚年也曾写《蝶恋花》纪念第二任妻子王闰之。可实际上，对侍妾朝云，似乎更加看得出是真爱，他为朝云写了大量诗文，比如《殢人娇》《三部乐》《雨中花慢》《悼朝云诗并序》《惠州荐朝云疏》《丙子重九二首》《西江月·梅花》《题栖禅院》等，他用这些诗词来描述、歌颂、追忆他们的经历和感情。这些诗句中有“玉骨冰姿”“嫩脸羞蛾”这些艳丽的词语，他写给了侍妾而非妻子，实际上，他心中的知己，也是侍妾。朝云陪着苏轼走过被贬谪的痛苦日子，可是最后苏轼相对于妻子的美德，更感慨的是知己之情爱，他在朝云的墓前写挽联——“不合时宜，惟有朝云能识我”。这才是如今女人追求的情爱，美德的歌颂哪里比得上这真情流露呢?

男人写给妻子的诗，也许是对美德的赞颂，是感谢陪伴的感激，可是总缺乏一些情，更缺乏艳。

“艳”可分为两类，一是女子之美艳，一是男女之艳情。叶嘉莹先生认为广义的“艳词”包括“一切凡写美女与爱情者”。霍松林先生认为，我国古代称男女爱情为“艳情”。因此，凡以男女爱情为题材的诗歌便称为“艳词”“艳曲”“艳歌”“艳诗”，统称“艳体诗”。

饶少平先生则认为:“艳体诗歌的内容不仅仅包括爱情……古人将描写女性的作品都归于‘艳体’，凡是描写女性的诗歌，包括大量的表现男女相爱、相思、离合、悲欢的诗歌，都叫作‘艳体诗歌’。”

这么多含义说艳诗，大约可以看出，艳诗是明艳的、美丽的、充满情欲的，一般是写给妻子以外的女人。艳诗大都是酒宴狎妓之作，连写给暗恋的女人都没有那么“艳”，除了朱彝尊写给小姨子的克制的“艳”。毕竟，写给暗恋的女人，需要十分克制，不可以不正经。真情流露的明艳，对于妻子，对于暗恋的女子，也许不够得体。

如果一个男人写给妻子的是艳诗，那绝对是诗歌史上的新纪元，或许不止，更是婚姻史上的新纪元。

孙原湘、席佩兰，用一生的幸运和真挚的艳诗，给倡导一夫一妻的人士太多美好幻想。

闺房与学舍：孙原湘、席佩兰夫妇恩爱的一生

孙原湘夫妇的爱情，在闺房，也在学舍，携手一生，除了跨越阶层外，几乎满足一切美好的定义。

孙原湘（1760—1829），字子潇，又字长真，晚年自号心青，昭文（今江苏常熟）人。清嘉庆十年（1805 年）进士。他的妻子席佩兰，字道华。夫妇二人都是袁枚弟子，也皆是乾嘉时期较为著名的诗人，孙原湘著有《天真阁集》，席佩兰著有《长真阁集》，二人的文集都带有赤子之心，都带着“真”字。

孙原湘出生书香门第，三岁就开始读诗，口咏指画；四岁能诵读汉魏晋及唐李杜诗，比起毫无意识的背诵，他的聪明在于，他能“通大义”；九岁，他开始学习《论语》《孟子》和“四经三礼”。

孙原湘少时不只是在一堆故纸堆里待着。因为父亲工作的原因，他跟随父亲从江南到关外，历经半个中国。除了读书外，他

还在医巫中混迹，以致后来可以笔益豪放，很有奇气。

妻子席佩兰，亦出生书香门第。常熟席家，和孙家门当户对。席家不仅男人胸中有墨，女人亦不逊色。席佩兰的两位姑母席仲田、席亦桓，都是闺阁才女。其中大姑席仲田，就是席家引以为傲的才女，家族还为她整理了文集《绿窗小咏》二卷。席家能够有席仲田这样的才女，源于家庭对诗书的尊重，对女性的尊重。席仲田、席亦桓姐妹少时就跟随父亲席鏊读书。

这种良好的家风传承到席佩兰这一代，她八九岁时，父亲席光河也以姑姑的《绿窗小咏》鼓励她，让她揣摩，学习姑母的诗才和婉顺的性格品质。席鏊、席光河都以自家的闺阁才女为傲，并积极勉励教导整个家族的女儿读书写诗。

席佩兰也获家族氛围鼓舞，一直欣赏有才华的人，并以此自勉。她曾写诗《题先姑母绿窗小咏》记录对姑姑的崇拜："一曲梅花雪满山，慢携焦尾问尘寰。爱才毕竟输天上，闺阁能诗便召还。"认为自己还不如姑姑，可是做一个能诗的闺中女子，便可以慰藉已故的姑姑。

少女时期，席佩兰在诗词方面就有一定的造诣，师父袁枚称她是"随园女弟子之冠"，还为她与才子孙原湘做媒。

清乾隆四十一年（1776年）冬，十五岁的孙原湘和十五岁的席佩兰成婚。这种结合，实在美好，完美呈现了"修到人间才子妇，不辞清瘦似梅花"。

孙原湘对这段日子的记录是，他和席佩兰，从闺房到学舍，处处秀恩爱——“赖有闺房如学舍，一编横放两人看”。

闺房内，孙原湘笔下的妻子是美丽的。孙原湘作品集《天真阁集》第一卷《丽人行》就写了燕尔新婚的美好，这些语句，仔细看，绝非正经，可真是美艳。

有酒易醉花下人，有金难买花前春。美人十五瓜未破，夜夜微酣抱花卧。

花下之人真是美艳，真想夜夜抱着。这是孙原湘发自肺腑之告白。女人怎么会满足于自己只是正经的有道德的正襟危坐者呢？谁不希望自己有女性魅力，谁不希望自己枕边人懂得欣赏！

学舍内，孙原湘对席佩兰是有些许佩服的，好比相识初期的郭靖对聪明的黄蓉也是佩服的。没有黄蓉，郭靖很难在武术上开窍；没有黄蓉做的美食，郭靖也很难拜洪七公为师。孙原湘从席佩兰身上获得的是对知识渴求的满足。

少年时候的孙原湘，作诗只是业余爱好，还未摸到门道。好比郭靖只得到江南七怪的指点，虽然学了基本功，可还远远不够。郭靖需要马道长，也需要洪七公和周伯通，孙原湘也需要妻子席佩兰和袁枚的点拨。

在孙原湘个人文集《天真阁集》的序中，他首先感谢的就是席佩兰——“原湘十二三时不知何谓诗也，自丙申冬佩兰归予，始学为诗，积两年得五百余首。”婚前对诗歌门道摸不清，幸运的是“我”孙原湘居然娶了一位才貌双全的女诗人，她是学海上的引路人，是精神上的妻子，是情趣上的妾，更是永恒之女性，指引“我”前行。

孙原湘的《怜才》诗中，句句来看，他真是一个“炫妻达人”。

九州四海一倾城，独感怜才出至情。
绛帖愿称诗弟子，红楼许拜女先生。
隔帘遥授簪花格，立雪微闻咏絮声。
佛意仙心多占欲，最慈悲又最聪明。

第一句，就是大大的“炫妻”，九州四海八荒有一个倾国倾城的美人，“我”爱她的才华，“我”对她用情至深。

中间的颔联、颈联四句，说自己学诗能成，就是倾国倾城的席佩兰的功劳，席佩兰就是教他学诗的老师。孙原湘“愿称诗弟子”，席佩兰是“女先生”。“绛帖”“红楼”二词，大约看得出，他们经常一起看《红楼梦》，还一起带入角色。

“隔帘遥授”是女先生直接传授，“立雪微闻”是“诗弟子”暗受熏陶。你是佛，也是仙，最慈悲又最聪明，是“我”最美的妻，最趣的女人。

新婚日子，就是孙原湘《示内》所说“赖有闺房如学舍，一编横放两人看”的岁月美好。二人共读诗书，琴瑟和鸣，妻子不仅宜家宜室，更是有情有趣，才华高绝。

诗书的交流，是消遣，是娱乐，更是文艺双修，心灵契合。他们二人，也许真心是有情饮水饱。这也是他们二人的难得之处，现如今，就算遇到孙原湘，很多女子也做不到像席佩兰这样，在清贫的日子里，还保持着精神世界的富足。

孙原湘在《叠韵示内》中写到婚后有些窘迫的日子里，妻子和自己贫中作乐。

闺中一笑两忘贫，歌啸能全冻馁身。
赤手为炊才见巧，白头同梦总为新。
图书渐富钗环减，针黹偏疏笔砚亲。
还恐不穷工未绝，开樽劝我典衣频。

生活在贫中，可是闺中人一笑，这贫都了无影踪了。还好有巧手为炊的闺中人，一家人才有饭吃。家中的书啊画啊不知不觉多了，闺中人的首饰钗环却渐渐少了。怕“我”没有钱买书读书，闺中人还劝“我”多多典当衣服，不怕饥馑之苦。读书忘了贫，为求一书不惜典衣卖钗环，一点儿不亚于古代的模范夫妻李清照、赵明诚，真正的闺中知己。

可惜，快乐而甜蜜的婚后生活，也要面临离别。清乾隆四十四年（1779 年），也就是二人婚后的第三年，孙原湘去了奉天，也就是今天的沈阳市，到父亲做官的地方探亲。

从江苏的常熟到沈阳，别离胜新婚，二人开始鸿雁传书。

这次离别，席佩兰写了好多首诗。第一次，是离别的时候，席佩兰作《送外之沈阳》。

策马竟投东，深闺未许从。

君行无万里，妾意有千重。

话到临歧絮，情缘惜别浓。

晓窗还对镜，膏沐为谁容。

走的时候，便约定归期，可孙原湘因受不了塞外天寒，生病导致旅途耽搁没能按时归来。

席佩兰的心中，除了担忧旅途是否疲惫，塞外是否苦寒外，也期盼孙原湘的归期。到底什么时候回来啊?

佩兰心中忐忑不安，又写下《望外逾期不归》。

记得扁舟放桨迟，殷勤问取早归时。

忽看红树青山影，已负黄花白酒期。

情重料非言惝怳，愁多莫是病支离。

一缄手寄难凭准，岂是桥头卖卜知?

你问“我”何时归故里，“我”也轻声地问自己。大约是七夕吗?可直到七夕，孙原湘都没回来，席佩兰又有《七夕寄外书》以诉相思之苦。

转眼秋光瘦碧梧，纱窗偏不月模糊。

焚香羞对双星拜，自觉帘前抱影孤。

翠帐浓香蔼若云，雁声哈沥梦回文。

寂寥翻觉愁心少，除却思亲只忆君。

孙原湘收到诗笺后作《七夕》以陈心迹。

不是无归意，何曾得自由。
乡心愁入夜，病骨怕逢秋。
一雁穿云度，孤萤带水流。
阿谁堪此夕，独坐看牵牛。

丈夫逾期不归，让席佩兰望眼欲穿；但丈夫的意外归来，也让她喜出望外。席佩兰《喜外竟归》诗云：

晓窗幽梦忽然惊，破例今朝鹊噪晴。
指上正抡归路日，耳边已听入门声。
纵怜面目风尘瘦，犹睹襟怀水月清。
好向高堂勤慰问，敢先儿女说离情？

当然归途中的孙原湘自然明白席佩兰的心情，他早“料得闺中凝望眼，海棠开后到而今”。

两人真是心心相印。这以后，他们在常熟家中度过了平静温馨的两年，就算后来搬到山西孙夫做官处，也是不离不弃。

席佩兰与孙原湘到达山西后的第一个除夕，一家人其乐融融：“十九番除夕，今宵乐最真。与儿同作子，看父尚娱亲。俗闹年知稔，官清仆耐贫。萧然似茅屋，欢聚得天伦。”如果有岁月静好，那么应该就是如此。

不过，考验就要来了。和平年代，考取功名是当时的主流价值观。屡试不第，就像今天男人没钱一样考验婚姻。到山西后的第二年，孙原湘离家参加省试。席佩兰再一次尝到相思之苦，这次，苦，不仅仅是相思了。

孙原湘的第一次科举考试，以失败告终。他独自在离家的客栈里苦尝落榜之失落：

虫声破夜寂，小坐[illegible]凉天。
病久花同瘦，愁多梦不圆。
孤怀凭月迥，静气得秋先。
惟有深闺里，应知客未眠。

第一次落榜，在深秋时节。虫子不知“我”的哀愁，非要叫个不停，打破夜的寂静，搅乱“我”的心。纷乱的心，孤单的夜，坐在天凉的夜里，不思饮食，心情渐渐和身体一样瘦弱。病久了的身体，可比花朵瘦；愁多的心情，连做梦都梦不到乐观和圆满。孤单伫立，看那遥远的月亮，是心中的月光。冷冷的月光下，寂静的空气，是深秋来临的信号。只有深闺里的美人妻，才知道漂泊的“我”，今夜无法入眠。

这首诗虽然是落榜的哀愁，可最后两句，却是男人满满的安全感。他相信那闺中人，还是他知音。整首诗，没有感觉到他会被妻子责备和嫌弃，席佩兰给孙原湘的，不是只教夫婿觅封侯，而是你失败了，“我”的深闺仍是你的安心处。

在接下来的十年中，乾隆五十一年（1786 年）、乾隆五十四年（1789 年）、乾隆五十七年（1792 年），孙原湘三次省试，都是失败。席佩兰对于孙原湘的几次落榜，给的都不是劝诫，而是安慰。

清乾隆五十一年（1786 年）孙原湘省试失败，席佩兰写诗劝慰："戚戚成何勉，难堪久病身。文章原有厄，贫戏岂无人。剑气终腾上，诗才况绝伦。加餐须努力，尚有白头亲。"没有指责，只担心丈夫是否因为忧思成疾，久病缠身，只教他努力加餐饭，而不是觅封侯。

除了安慰，二人还有价值观上的知己之情。对于孙原湘的"真"，席佩兰是欣赏的；相对于追求功名利禄，也许孙原湘的诗才更值得席佩兰欣赏和追随。席佩兰写长诗安慰他的落榜，丝毫没有说他的失败，而是直接告诉他人间的官没有什么好追求的：

君不见，杜陵野老诗中豪，谪仙才子声价高。能为骚坛千古推巨手，不得制科一代名为标。夫子学诗杜与李，不雄即超无绮靡。高唱时时破碧云，深情渺渺如春水。有时放笔悲愤生，腕下疑有工部鬼。或逞挥毫逸兴飞，太白至今犹未死。丰兹啬彼理或然，不合天才有如此。……功名最足累学业，当时则荣殁则已。君不见，古来圣贤贫贱起。

杜陵野老是杜甫，谪仙才子是李白，最伟大的诗人的才华，什么时候受到科举的限制。人间的功名最不值得追啊，怕这些身外事让夫君疲惫，忘记了做学问的本质和乐趣。

也难怪，一直心中有“真”性情的孙原湘、席佩兰夫妇可以为知音，共同满足对方心中对“真”的追求。

孙原湘举业备考科举期间，实际上家中所有的负担都压在了席佩兰身上。那时候举业的男人，经济上主要靠着往日的家底及妻子手工做些绣品换来米粮。在这拮据的日子里，难得的是贫苦持家的席佩兰没有怨言。除了常规地安慰丈夫外，还经常来一些夫妻之间的小情趣。

她写过充满安慰之情的诗，字字句句，是送别时的不舍，是在乎他的寒暖：

打叠轻装一月迟，今朝真是送行时。
风花有句凭谁赏，寒暖无人要自知。
情重料应非久别，名成翻恐误归期。
养亲课子君休念，若寄家书只寄诗。

亲手打点夫君行李，送别时叮咛嘱咐，可惜千言万语留不住。若是金榜题名，成了就别耽误归期。家中的长辈和孩子的教育莫担心，如果有家书，只寄来诗书为念吧。

当然，聪明的孙原湘，也不至于一直落魄。终于苦尽甘来，清乾隆六十年（1795 年），孙原湘得中举人，这时候他已经三十五岁了。清嘉庆十年（1805 年），四十六岁的孙原湘会试中第二名，并被选为庶吉士。

数十年寒窗辛苦，终于在这一天得到了回报，此后，“我”的妻子，应该不会过得那么清贫了吧！孙原湘难以掩饰内心的喜悦，作了一首家书《礼部宴饮归，作家书寄内》：“陌上年年盼两眸，今番应得放眉头。……寄君一语君应笑，并未醉眠何处楼。”

每一年“我”都记着你盼望归来的眼睛，今天终于可以把眉头放宽了。就怕妻子佩兰相思苦，望夫心焦，孙原湘以“寄君一语君应笑，并未醉眠何处楼”调笑。

这句调笑，“醉眠”二字，看得出是调皮的情趣，情感美艳，好像写给一个美艳的女子，而不是没有美感和性魅力的原配。

实际上，在孙原湘举业期间，他们二人经常有这类调情艳诗，其中不乏“身体语言”。

席佩兰是调情的高手，抓住丈夫的心，绝不是靠抓住他的胃。身体的语言，向来意味深长，她深谙其道。在离别时候，她就剪下自己的指甲送丈夫，希望陪伴他身边。这种艳福，有几首诗记录。

席佩兰的《以指甲赠外》：

掺掺指爪脆珊瑚，金剪修圆露雪肤。
付与檀奴收拾好，不须背痒倩麻姑。

掺掺指爪来自《诗经·魏风·葛屦》的“掺掺女手”，纤纤玉手的意思。脆珊瑚是说指甲的纤细和脆，如珊瑚一样易折断。柔弱的手，脆的指甲，“我”用金剪将它们修好，露出“我”雪白的肌肤。下一句的意思，就是“我”把指甲给“我”俊美的情郎，要是背觉得痒了，别想着那手爪似鸟的麻姑仙女了。

麻姑是古代的一位仙女，据说看起来十八九的样子，非常美丽，手爪似鸟。檀奴，源自貌比潘安的潘岳，小字檀奴，后来就以“檀奴”或“檀郎”来代指俊美的情郎。如李煜想念小姨子（也是他的第二任妻子）的艳词《一斛珠》中有一句“烂嚼红茸，笑向檀郎唾”，甚是香艳。唐代无名氏的《菩萨蛮》也有艳词“含笑问檀郎，花强妾貌强？”席佩兰用上这一词，多少有闺房调情的魅力。

若是如此会调情的女子，还满足不了一个男人，那实在是这个男人不解风情。

孙原湘一直珍藏席佩兰所赠指甲，也曾作《内人指甲》诗和《指爪》诗回味。

《内人指甲》云：“不爱匀黄不染丹，生来偏喜近豪端。只因久惯拈花后，落剪依然气似兰。”美人的指甲，就算是被剪掉了，还手有余香，叫人思念。

他们就这样度过生命最美好的年头。清嘉庆十年（1805 年），孙原湘丁母忧回家。三年孝期满，清嘉庆十三年（1808 年）和清嘉庆十六年（1811 年）孙原湘两次返京。奔波途中，他只想着妻子。他看到好的景致都会想着与妻子分享，“可惜不携徐淑至，绿盘红露赋潇湘”。没有你，风景也失去了颜色，没有你，哪里有心情看旅途风光呢？

两次返京，孙原湘都旧病复发而作罢。也不知，到底是身体的水土不服，还是相思成病。几次归京都未果，孙原湘干脆绝意仕途。也许一开始他不过为了家族荣光和生活体面去追求功名利禄罢了，“真”性情的孙原湘，其实对诗歌学问更加热爱，对美妻更加热爱，他最后只和席佩兰相守故里，优游以终。

席佩兰与孙原湘虽然生活贫苦，但夫妇诗词酬唱，夫唱妇随，那种恩爱，见到的人都会心生羡慕。当时的诗人，也是女性文学的倡导者陈文述曾写诗句“梅花香里安吟榻，流水声中洗砚田”和“久拟渔庄携眷属，输君偕隐是神仙”表达他的羡慕，也作为提倡女子诗才和夫妻唱和的榜样。

清道光九年（1829年），孙原湘去世，席佩兰也在这一年去世。他们携手度过了五十多年美满的婚姻生活。在这半个多世纪的时光里，从少年夫妻到白头，孙原湘很幸运遇到席佩兰。

孙原湘追求的灵魂上的知己、生活上的妻子和情趣上的妾，都在同一个女人身上得到满足。

妻子走入艳诗中

赠内诗是正经、得体、端庄的，艳诗是明艳、美丽的，两种诗风在经历了长期的发展后各有风骚。孙原湘既写赠内诗，又将妻子的形象写入了艳诗之中，这是诗歌史和婚姻史上都具备创造性及颠覆性的行为。

孙原湘的诗中，妻子是贤惠的、美丽的，夫妻之间除了相扶相携，也不能缺乏情趣和情欲。《叠韵示内》记载：

闺中一笑两忘贫，歌啸能全冻馁身。
赤手为炊才见巧，白头同梦总为新。
图书渐富钗环减，针凿偏疏笔砚亲。
还恐不穷工未绝，开樽劝我典衣频。

这首诗中，“歌啸”“笔砚亲”“劝我典衣”等语看得出：妻子是贤妻，可以一起接受贫苦生活，不离不弃；妻子更是知音，与自己同为爱书爱诗之人。

诗句“铃索自摇心荡漾，炉烟不断意缠绵”，妻子就是自己情感的追寻。“心荡漾”是少年遇到爱情的心动，“意缠绵”是绵绵不断的情。不断摇荡的铃索声，袅袅不绝的炉烟等，那无限延长的听觉及视觉的效果，写出了爱情的隽永。

诗歌《小印》，更是男女情的香艳小趣味：

瑶台何处著纤尘，着个飘然咏絮人。
天上碧桃偏带雪，洞中珠树不知春。
闲情屡说元才子，杂事羞提汉秘辛。
偷下蟾宫修凤牒，自钤小印号长真。

五六句写夫妻二人闲情一起看艳书读艳诗的轶事。

她是贤惠的妻子、爱情的对象、情趣的妙人。孙原湘诗中的妻子，怎么会少了美艳？

孙原湘用艳诗写妻子的美，如《艳体一章》（每句戏藏十六意）中有“生过娇儿尚玉颜”，这些对于身体的描写，在当时的礼法上，属于大胆突破。

已为人母，早不是少女的妻子，在他眼里依旧性感，依旧充满吸引力，这是最让女人佩服的一点。实话说，哪怕现在的婚姻，有多少男人能做到一如继往地欣赏妻子的美艳和性感？

情者万物祖，万古情相传

孙原湘一直推崇师父袁枚的“性灵”说，主张不废艳体。他还曾与程晋芳就艳诗存在的合理性论争过。另外，孙原湘生平最重情字，认为“情者万物祖，万古情相传”。自然，他会保留下这些情诗艳诗，他的外集就收有艳情诗六卷七百七十多首。晚清民国时期，孙原湘的艳体诗、席佩兰的诗集被多次刊印。

也许需要如此神仙眷侣做榜样，我们才可以安心走入一夫一妻制的婚姻，以为一生可以遇到一个人满足对家庭、爱情和性的所有需求。事实上，现代人似乎更贪心，还要求婚姻带来财富。可扪心自问，多少女人可以是席佩兰，多少男人可以是孙原湘?

孙、席二人，从闺房到学舍，一路都是爱情，一路都是情欲，这实属罕见。爱情并非每一个人都可以遇到，我们又何苦在一个爱人身上求得爱情、性和家庭，甚至还有财富集于一身呢?

如果这辈子遇上爱情，不能同时满足家庭和财富等世俗欲望，也没有力量冲破被人议论的阻力，那就好好挥手告别，也许回忆里的爱情可以陪伴你度过乏味的人生。

如果这辈子没有机会遇上爱情，却一定要婚姻的话，找一个身体和谐或者心理和谐的人，共度一生吧！也许这虽是不完美却还算不错的人生。

第十辑

易顺鼎：巨变时代，哭泣的才子

晚清有位才子叫易顺鼎，他有很多别号，类似现代人有好多个网名。其中最出名者为“哭庵”，因为他有“三哭”：一哭国家大局之不可为；二哭文章不遇知己；三哭沦落不遇佳人。

这是20世纪初巨变时代才子的眼泪，如今又是一个世纪过去了，此刻似乎也是巨变时代。怅然若失，还是踌躇满志？一百年前才子的忧愁和哭泣，好像还回荡在如今文艺青年的心中。毕竟对于现在乱花迷眼变幻时代的文艺青年们，文章不遇知己，沦落难遇佳人，才是常态。

“三哭”，是大变革时代一个穷途士子对宿命的哭泣。

哭泣的一生

明代文人汤卿谋在其《闲余笔话》中为后人留下这样一段“哭话”——“人生不可不具备三副眼泪：一哭国家大局之不可为；二哭文章不遇知己；三哭才子不偶佳人。”

清代末期，诗人易顺鼎发扬了这段“哭话”，还自号“哭庵”。他称这段“哭话”的三副泪“绝非小儿女惺忪作态可比，唯大英雄方能得其中至味”。

实话说他并没有足够的能力成为大时代的英雄、时代的弄潮儿，也没有成为时代的枭雄。天下大事不可为，从晚清到民国，国运颓靡，国家大事自然无不可为。他只是被时代裹携前行的忧伤才子，他就是易顺鼎。

易顺鼎（1858—1920），字实甫、硕甫、实父、石甫。他有很多别号，少年时自号眉伽，中年后号哭庵、哭厂，湖南龙阳（今汉寿县）人，个人文集里自称一生“初为神童，为才子，继为酒人，为游侠，少年为名士，为经生，为学人，为贵官，为隐士”。

幸运神爱护的童年

清咸丰八年（1858 年），易顺鼎出生在湖南龙阳。

这一年，内忧外患，战火连天。英法联军攻陷天津大沽炮台，太平军陈玉成在安徽三河大破湘军，浙江布政使阵亡。《天津条约》和《瑷珲条约》签订。广东南海县，康有为出生。

这一年，易顺鼎的父亲易佩绅考中举人。正值国家存亡和政府急需用人之际，易顺鼎父亲不同于大多数文人走了仕途，他同时开启了仕途和行伍人生。湖南巡抚招募楚勇，举人易佩绅响应号召，投笔从戎，成为楚勇，与太平军作战。督办四川军务骆秉章实授四川总督，易佩绅随之入川。这一路，易佩绅屡有战绩，一路追剿敌军入陕。

清咸丰十一年（1861 年），易顺鼎三岁，已经熟读《三字经》这种儿童开蒙诵读物，他的才智已惊动世人，但是此时动荡的政局却开始影响他的人生。圆明园遭到掠夺，还在一场大火中化作废墟，太平天国的军队攻势咄咄逼人，仓皇逃跑的咸丰皇帝在热河的避暑山庄驾崩。

第二年，清同治元年（1862 年），易佩绅夫人陈氏为了支持丈夫，带着女儿易莹和儿子易顺鼎前来投奔。据易顺鼎自述，他的母亲是大家闺秀，也会作诗。五岁的易顺鼎已经能作对了，他的父亲以“鸡鸣”出题，易顺鼎马上对出“犬吠”。为了启发孩子的想象力，易佩绅便采用“鱼咬尾”这种奇特有趣的续联方法教他，易佩绅说出一个二字上联：“鸡鸣”，逗他对句。易顺鼎不加思索地对道:“犬吠”。易佩绅问他:“又可以用什么来对‘犬吠’?”易顺鼎马上对出:“猿啼。”父亲继续问:“‘猿啼’又应作何对?”易顺鼎立刻又对:“凤舞。”父甘拜下风,问那“凤舞”不可无对了吧,易顺鼎又对出“龙翔”。易佩绅大喜,儿子比“我”聪明好多,“是儿异日必贤于吾多矣”!

战乱中,他的母亲不忘授诗给他,他也很有悟性,很快学会。陈氏一行先是投靠四川军中,之后入陕到了陕西汉中府。清同治二年(1863年)初,太平军石达开包围汉中城,此时易佩绅屯兵在七十里外。苦苦支撑半年,汉中府城破,易夫人将一双儿女送出城外,打算自己在城破之时自尽守节。所幸,易夫人被仆妇救下,逃回丈夫处,女儿易莹也在乱军中幸运地逃奔到父亲易佩绅军中。

未满六岁的易顺鼎被太平军启王梁成富俘获,却因为神童模样受到了太平军的喜爱。启王见这个孩子很聪明,问他的姓名,他对答如流,便给他香汤沐浴,改换衣襟。换的衣服,是一个戏班子收来的小太子服,头戴紫金冠,身穿龙袍,脚穿绣花鞋,也许穿起来有一副戏剧中的小东宫太子样子,易顺鼎在太平军中没有受到虐待,反而成为行军中被行伍人士优待的娃儿。

实际上太平军想趁机向他父亲要一笔赎金,但是他自己一直描绘太平军对他像“小王子”一样照顾。他在太平军中待了约半年,第二年春天才被清军僧格林沁所部救回。

见僧格林沁和见太平军启王一样,七岁的他一点儿不胆怯。

这位王爷听不懂他的湖南话，他就很聪明地用手指蘸着唾沫在僧格林沁手掌上写字。僧格林沁见到很是诧异，要求易顺鼎用笔写明父亲和自己的姓名。看过后，僧格林沁大喜，赞叹道:“奇儿也！”还把他抱到膝上，宠爱异常。也许他是行伍人士战争中一丝不一样的乐趣和温情，从此，军中“神童”的传说一时传遍，也留在他美好的记忆里，甚至到他45岁，慈禧太后召见他时，荣禄还向慈禧讲起这段故事。

但后来也是战争不断，也是时局大变，也是动荡社会，却再也没有这样传奇温暖的待遇了。人，总爱回忆美好的童年，回忆童年，是向后来的艰难人生撒娇，也是向后来的艰难岁月索赔。五岁历险，却是他一生中最幸运的历险。

易顺鼎一生乱世浮萍，飘零不定。成年后，易顺鼎经历了甲午中日战争、庚子国变、辛亥革命等影响中国命运的大事件。晚年，他最喜欢的朱文大印上的印文是:“五岁神童，六生慧业，四魂诗集，十顶游踪。”这十六个字并非胡吹瞎侃，字字句句是童年颠沛流离中的幸运相随。

离开太平军营后，易顺鼎开始他少年考场得志、青年官场不顺、中年壮志难酬、晚年恣意游戏的人生。在历史的大潮前，易顺鼎曾努力抗争过，也曾审时度势地顺应过，但他始终无法成为时代的弄潮儿，只是巨变时代哭泣的才子罢了。

少年考场得志，青年官场不顺

离开太平军营重回父亲身边，易顺鼎依旧聪慧，依旧讨人喜欢。湘中大名士王闿运就将他和曾国藩的孙子曾广钧并称为“两仙童”。

易顺鼎的聪明属于调皮型，喜欢词章也喜欢看小说，满肚子都是忠孝英雄和才子佳人的见解。十二三岁时，他写《三国演义》的后续小说，让小诸葛、小关张做主角，不少人物又做英雄又好女色。可惜他写的小说不被认可，被教书先生查出，打了他几顿，还把那小说稿本烧了。

这是多么讨人喜欢的童趣行为啊，当然也似乎预示，他的爱好更在写小说方面，而非科举方面。

易顺鼎十八岁在长沙中举，一时得益。接下来，他便驰驱六州、七浮沧海、广交贤豪。他曾把这段生活作了高度概括：“携一双屐，探七十二峰，兹游壮哉！看清波九曲，帆随湘转，长风万里，雁到衡回。画桨扁舟，青鞋布袜，去访朱陵洞口台。难抛处，是小窗泪巾，同社吟怀。平生五岳归来，话廿载游踪眼倦开。忆西天行脚，峨嵋雪拥，中原极目，岱顶云堆。故国平居，名山独往，折柳歌还续落梅。明朝路，更清猿细雨，为尔徘徊。”

易顺鼎可谓青春年少，踌躇满志。这首词中他看遍名山大川，满满是对祖国山河壮丽景色的刻画。江山如此多娇，除了对山河的赞美和依恋，还有一个少年对前途理想的渴望和报效国家的决心。

可惜，易顺鼎后来仕途坎坷，远不如青少年时期那么顺利。乡试后，他五上京师，却屡试不第。

好比敏锐的导演岩井俊二在电影《你好，之华》中告诉我们的，很多小时候优秀的人，中年以后，可能会丧失在恶劣环境下生存的粗糙又粗犷的能力。从小不断受挫、没有人爱的女孩子，可能收获非常幸福的婚姻。很多顺利又作为天之骄子的男孩子，长大后却缺乏面对困难的平常心，没有那种粗粝的内心，在经历太多挫折时容易萎靡不振。

人生的活法和技巧需要打磨，并逐步接受和融入现实。

易顺鼎这个小青年开始忧愁，从壮志凌云到心烦意乱，苦闷彷徨。

他的诗歌也从期待施展自己的雄才大略变为怀才不遇的满腹幽怨。为科举奔波多年，他客居北京，一路上看尽晚清百姓的颠沛流离、北京城中上流社会的腐朽和黑暗。

二十二岁时，易顺鼎北上入京路途期间曾写过著名的《华阳镇谣》:

华阳镇，隶望江。其地设关榷船税，例本抽一官抽双。舟泊稍迟，横加鞭笞。一吏有目高坐，万舟无胆飞过。吁嗟呼！舟人畏关如畏虎，国家养吏如养蛊。

这首诗的背景是，清朝政府从清咸丰三年（1853 年）起开始在水陆交通要道设立关卡，征收商业税，对商人物流的收费愈演愈烈。官吏们不仅随意加税，还肆意虐待商人，严重影响着物资流通，俨然社会祸害。相比我们如今的江浙沪包邮，全国物流通畅，在家享受电商便利，当初的商人很苦，百姓也因为得不到及时的生活物资和日渐增长的物流费用而痛苦。

望江边的华阳镇，坐于一个关卡，对过往船只收费，官吏变本加厉地收了两倍。船只停慢了点，就横加鞭笞。一个收费员高高坐着，一万条船都不敢过。“舟人畏关如畏虎，国家养吏如养蛊。”易顺鼎发出了正义的呼声，他把“官吏”比作老虎，比作“蛊”，体现了对百姓无尽的怜悯。

此诗用的是民谣体，句式自由，字数不拘，但多用古语词汇，两句一换韵，过渡时的特点比较明显。

二十二岁，科考不顺的时候，他度过了他的生日，还许下一个生日愿望，详见《唐多令・道中二十二岁初度志感，时九月五日》:

落拓少年场。吴钩锦带装。叹人生、苦恋他乡。今夜鸿天烧烛了，能几日，便重阳。万感比秋长。谁家正酒香。借东篱、自寿何妨。我与黄花同样命，消受得，这般霜。

这是生日之际在他乡冷冷清清，由“愁”所派生的对几年劳苦奔波命运的感叹。

“吴钩”两字曾出现在“男儿何不带吴钩，收取关山五十州”这句诗中，出自李贺《南园》。李白的《侠客行》“赵客缦胡缨，吴钩霜雪明”也为世人所熟悉。诗中的吴钩，文字意义来讲，是一种锋利刀剑。诗句中锋利的吴钩充满传奇色彩，是驰骋疆场、精忠报国的一种精神象征，也预示他后来一定会上战场。

二十二岁，江湖落魄放荡，空羡慕好男儿戎装一身带吴钩报效祖国。叹一声，人生啊，只能重阳节也他乡游荡。傍晚到夜晚，天边的夕阳好像被火烧了的颜色，快到重阳节了，秋天的气息到了。谁家的酒正香甜，“我”只能在随意一隅待着，当作李清照把酒“东篱”吧，自我慰藉自己保重。秋天霜重，这般更深露重，我和秋日的黄花一样瘦。

这首词文字轻巧，明白晓畅，有一种二十二岁少年的空灵之感，也是二十二岁少年的忧愁自白。

易顺鼎的科举之路，因为屡次不第放弃，不过易家家底还算殷实，科举之路走不通就换个路子。这样，易顺鼎通过捐赀纳官，二十三岁时他捐了个刑部郎中，三十岁改捐试用道，后来又以进呈《修三省黄河图说》被保荐为候补道，加按察使衔，赏二品顶戴。这个职位看起来等级很高，实际上这只是待补虚衔。

既然是虚职，易顺鼎本也不是很适合官场，遂过起了类似归隐的日子，他在庐山筑楼一椽名曰“琴志楼”，写写诗，修修心，有时候也面对时局发发牢骚，也发起诗社召集大家一起写诗。清光绪十二年（1886 年），易顺鼎在苏州与郑叔问、张子苾、蒋次香等创立了吴社联吟。

这个时期，他写下了大量的山水田园诗，好像陶渊明一般对官场倦怠而知还。他自诉：“倦飞心事鸟知还，却对孤云意自闲。种菊家邻陶令宅，哦松官寄皖公山。吟多莫道霜侵鬓，别久惟凭月照颜。他日匡庐期结社，万山深处崖三间。”

既然科场失意，官场也没有得意，那就远离官场、向往自然、回归山林吧。如果祖国需要“我”，“我”再去实现二十二岁的生日愿望吧！虽然短暂归隐，这时候他依旧在游山玩水时，写下内心深处的金戈铁马：

歌弦醉墨，一时颇盛，过了降旗无数，留着酒旗如故。儿女英雄哀怨事，都付吴船白纻。天堑险何曾我少，渔翁飞渡。山是愁痕吹聚，水是泪痕流做。青史成堆堆不了，堆作几堆黄土。如此好江南，让与斜阳来住。（《离亭燕·独行金陵山水间，赋此凭吊》）

站在平静的金陵山水间，山依旧，渔翁闲渡中。歌舞升平和文人墨客的唱和总是那么兴盛。不知道这里有过多少投降的旗帜、战斗的旗帜，也不知道这里有过多少花天酒地的酒旗。儿女英雄，多少哀怨故事，都像这吴船一样走过了，消失了……

“山是愁痕吹聚，水是泪痕流做。”这句让人想起宋词中把山水灵动化的名句“水是眼波横，山是眉峰聚”。盈盈绿水似少女眼、波流动，簇簇青山像少女攒聚的眉峰。易顺鼎这里更加大气，愁痕吹聚了山，泪水汇成了河。

如此，千年的金戈铁马、朝代更迭、帝王将相、才子佳人，《石壕吏》中的夫妻别离，历史和岁月化作眼前的一片宁静。

岁月，你会不会带走那一串串熟悉的姓名？历史的感叹和内心的金戈铁马，就这样浸染在眼前这幅旷阔辽远的画面里。

半仕半隐的他，一定在等待能够实现自我、报效祖国的那一天。战争虽然残酷，可是大军中长中的小兵都渴望在战争中成为忠臣良将。姜文电影《阳光灿烂的日子》的马小军不是也自白说：“我渴望第三次世界大战的爆发，一位举世瞩目的战争英雄将由此诞生，那就是我。”

中年的凌云壮志断送

马小军没有等来第三次世界大战，易顺鼎却接连经历了甲午战争、庚子事变、辛亥革命。

清光绪二十年（1894 年）夏，中日甲午战争爆发。

这一年，易顺鼎母亲病故，他本打算回湖南汉寿料理丧事，结庐守墓。

可这时候东亚局势危机重重，中日矛盾加剧。他收到父亲易佩绅的信，要他投笔从戎，报效国家，以尽大孝。“玉门不作生还想，无定河边别有春”，易顺鼎毅然从湖南汉寿起程，怀着一腔报国热忱，出于建功扬名的希冀，投笔从戎。当时两江总督刘坤一奉旨镇守山海关，招他入佐军幕。

清光绪二十一年（1895 年），清政府在战争中一败涂地，李鸿章代表清廷签订丧权辱国的《马关条约》，赔白银，割让辽东和台湾岛、澎湖列岛。听到消息，易顺鼎极为愤慨，马不停蹄赶到北京，冒死上书朝廷：一边痛劾李鸿章“丑虏跳梁，不宜迁就；权奸误国，不可姑容”，一边大论辽东、台湾的重要性，台湾属“南洋之门户”不可割——一旦割地，列强得寸进尺，也会导致军队士气散尽，再凝聚不易。

可惜，他的话怎么可能被朝廷采纳。满腔热血却无处发泄的易顺鼎投河自尽，然后被人救起。

人终有一死，他希望自己死得更有价值，死在对祖国的热爱里。作为一个爱国的热血男儿，听说黑旗军统帅刘永福驻守台南，领导台胞坚持抵抗时，他不顾反对自请赴台，并向首领刘坤一表达心迹：“愿只身入虎口，幸则为弦高之犒师，不幸则为鲁连之蹈海。”刘坤一深为感动，为他壮行。他打扮成船员，带着简单的行李，乘英国轮船，偷偷渡海来到台南，加入刘永福的抗倭队伍。

去台湾的途中，他写下《台舟感怀》四首，其中第一首，把这一次奔赴台湾的心情记录得明明白白：

此行端不为鲈鱼，万里南舟驾日车。
汉弃朱崖非得已，越薰丹穴果何如。
久轻陆贾千金橐，欲达刘公一纸书。
碣石潇湘迷处所，海天极目独愁予。

此行是为了救国于危难之时。接着，他借用汉元帝罢弃海南朱崖郡和《庄子》中熏穴之典，痛斥清廷割台之议。然后以陆贾和刘公自比，表达自己的报国壮志。

眼前之景，是大海的碣石和潇湘之渊，茫茫无际，向远看，更添惆怅。

当时基隆和台北早已失守，丘逢甲守台中不力也已内渡。这时，居然有一位道台大人易顺鼎从大陆渡海而来，对刘永福和坚持抗日的台湾军民是莫大的鼓舞。台南一百多名文官武将，以刘永福和易顺鼎为首，歃血为盟，“誓同死守，不肯事仇”。

保卫战，却不只靠一腔热血。易顺鼎为此付出非常大的努力，也只能让台南沦陷得慢一点。为了台南保卫战的军饷，易顺鼎回内地筹措军饷。他到处奔波，从南京到武昌。他在南京见两江总督张之洞，又至武昌请署理湖广总督谭继洵发电函给两广总督谭钟麟等等，利用各种渠道，筹集到一些军饷。

可惜他带着军饷返回台南，也只是杯水车薪。日军紧紧进逼台南，局势紧张。易顺鼎坚持固守台南，他知道这种坚持十分艰难，他期待着援军来临，盼望着奇迹出现，梦想着危局扭转。在台的官兵早已纷纷离开，渡海归大陆，他不肯离开不忍离去。内地的亲朋好友迟迟不见易顺鼎，甚至以为他已在台湾殉难，知交开始痛撰挽联哀悼殉国的忠魂。

易顺鼎，依旧是战争中的幸运儿，他没有死。张之洞和陈三立等知道他还活着，发了一封又一封函，催促他快点离开台湾，返回大陆。最后，易顺鼎不得已，返回大陆。不久，台湾全岛沦陷。

“为念君亲思效死，渡泸往复不辞劳”，如此肝脑涂地，死而后已，奔波于大陆和台湾岛之间连性命也在所不惜，那又如何？

宝岛台湾最终还是陷于日寇的铁蹄中，西方列强也在我国争夺霸权，割地赔款，耻辱重重，神州满目疮痍。当时，国魂已失，易顺鼎为中华民族大声呼号。他呼吁人民“操吴戈兮被犀甲”“援玉枹兮击鸣鼓”，希望可以重振民族精神。

易顺鼎这次赴台的愤慨诗作，集成了他一生中成就最高的诗集《四魂集》。大多《四魂集》的篇章是这一时期完成的。《四魂集》包括“魂北”“魂东”“魂南”“归魂”四个集子，还有单独一“魂海”集。他诗歌中的每一个字都是泪水写成，“满纸皆泪，几不复著一笔墨痕也”，用灵魂，望着祖国南部，“马革倘能归故里，招魂应向日南洲”。

司马迁说，《诗》三百篇，大抵圣贤发愤之所为作也。这些发愤、这些为“国家大局之不可为”而哭泣的泪水，写成诗篇。

感谢才子的哭泣和诗篇。唯有文字是不朽的。

晚年游戏人生

1911年，辛亥革命爆发。

那个丧权辱国的朝廷，终于覆灭，可是新政权也没有为他带来晚年的美满。

民国初建，宦途已穷，满鬓华发。巨变的时代，他是否躲在一边哭泣，国家大势不可为呢？经历太多不平，他早被时代打得萎靡不振。

辛亥革命之后，易顺鼎时常往来于京沪，结交两地遗老。他消磨了曾经的壮志凌云，混迹于酒楼，捧伶观戏，开始了游戏人生。

一开始，他作了《告剪发诗》（又有说法叫《告剪辫诗》）以明志，这首诗中记录了大革命带来旧秩序的崩塌和新世界的混乱。

晚清的官场一片腐败和混乱："西园卖鬻竞煊赫，东楼贿赂尤昭彰。礼义廉耻丧四维，君父夫妇废三纲。"可是大革命"土崩瓦解固其所，冠裂冕毁知非常”，废了旧秩序，并没有带来美好年代。一些革命党人有些可笑和天真：“所称志士尤可笑，改制易服悬徽章。其状非驴而非马，其人如羊而如狼”，他们带来的新世界也不过是“争夸革命比汤武，争夸揖让高虞唐。牺牲亿兆人性命，为汝数辈供醯浆”。

问旧秩序后的混乱新天地如何？“此世界是何世界，狗彘盗贼兼优倡”！

作为一个晚清遗老，易顺鼎自白“恐人疑我忠一姓，我忠一姓殊髌狂”，直言“众人待我众人报，虽事二姓谁雌黄。何为区区数茎发，欲剪未剪心彷徨”。

著名诗人，也是陈寅恪、陈衡恪之父陈三立评《告剪发诗》：此诗喷薄而出，读之令人笑，亦令人哭，欲哭则泪已尽。梁鼎芬评语更曰“光芒万丈”。

作为清朝遗老，最不同于前代遗民之处是，辛亥革命后无一大臣殉身，和明末一群遗老殉国的壮举相比反差实在过大。那时候清朝遗老的生活类型，钱玄同在《告遗老》一文中记录了几种：一曰大彻大悟，不做“奴才”，做真正的共和国民；二曰复辟帝制；三曰殉节，尽忠于故主；四曰不问世事，优哉度年。

易顺鼎大概是第四种类型，悠然度日，游戏人生，他不在民国政府追求什么职务，开始与伶界中人交往。他丢掉了清政府时候的官职，天天和好友，也是诗坛上和他齐名的樊增祥看戏听歌。

易顺鼎游戏人生的生活，弄得自己“贫不能自给”，只得向北京的袁世凯谋差使，他出任过袁世凯政府的印铸局参事。实话说这个职务不忙，给他更多时间去“放浪狎邪，常接娟优”。

波诡云谲的时代，无须建功立业，还不如投入到演戏观戏之中，不知这是游戏人生，还是对新局势的一种聪明的无可奈何的应变呢?

虽然没有殉国，可是这时候易顺鼎写给伶人的捧伶诗中常常有死亡之感。他的“捧伶诗”中包含一种“悲感结构”，个人之死亡和悲感在字字句句中:“本自无心在人世，不辞将骨化灰尘。”“江南雪若深三尺，我使从天乞活埋。”“自怜海雪风魔甚，他日还应死抱琴。”……他常常想着，不如死在伶人花下，“恨不早从花下死，醵金定葬柳屯田”“欲埋第一英雄骨，须在温柔第一乡”。

“恨不早从花下死，醵金定葬柳屯田”中的柳屯田，是北宋词人柳永。这句说明他羡慕柳永，因为柳永晚年穷困潦倒，死时一贫如洗，无亲人祭奠。歌伎们念他的才学和痴情，凑钱替其安葬。此后，歌伎们每年自发祭奠柳永，举办“吊柳会”活动。易顺鼎混迹伶人之中，不要什么功名利禄，不想什么建功立业，如今的大愿望，是能像柳永一样。

他如此痴迷京剧，也许不只是自我放纵，是作为遗老的心理依恋和文化寄托。晚清宫廷重视京剧，京师梨园尤盛，京官亦常涉足其间，易顺鼎早年亦是其中之一，舞台带给他们这些遗老熟悉的文化和生活。

这似乎有助于理解遗老“捧伶”行为的意义。在捧伶诗中，易顺鼎常常回到过去，“记残泪于金台，录梦华于东京”。他在诗中追忆伶人时，也回顾与伶人的世谊，从而陷入对清末光绪以来梨园盛况的追忆，特别是写给梅兰芳的诗，追溯梅兰芳的祖父梅巧玲，回忆梅巧玲当初“内廷供奉留芳馨”“天子亲呼胖巧玲”的辉煌。看到梅兰芳，他想起清朝同治、光绪时期声名赫赫的京剧表演艺术家梅巧玲。正好易顺鼎的父亲易佩绅曾与梅巧玲的师父罗景福是老相识，所以易顺鼎当时见到梅兰芳，也是感慨时过境迁，还可以和故人梅兰芳论交两三世。人世代变，沧桑中再次遇到熟悉的人，也许，可以回到过去的旧时光。

看戏捧伶一旦变成家国之痛和时光依恋的变相寄托，易顺鼎有时候就开始显出狂态和癫狂。

他曾迷恋女伶王克琴，他每日必看王的戏，每日也必到王的寓所，为王歌颂，向她献媚，还追求人家，别人觉得他笑话百出。好友樊增祥还以此为素材创作了小说《琴楼梦》，不知道是开他的玩笑，还是觉得这个行为写到小说里是世人津津乐道的滑稽内容。还有女伶金玉兰患瘟疹转白喉去世，易顺鼎不顾众人阻拦，前去抚尸痛哭，后来自己也染上瘟疹，所幸治愈。

大部分被捧的伶人难以接受他，金玉兰生前曾经厉声骂易顺鼎，还有被写书告白的名伶刘喜奎更是受不了。那首告白诗，至今比他写的《四魂集》流传更广，一搜索易顺鼎关键字，你都可以在百度、豆瓣或知乎看到这封告白信：

一愿化蚕口吐丝，月月喜奎胯下骑。

二愿化棉织成布，裁作喜奎护裆裤。

三愿化草制成纸，喜奎更衣常染指。

四愿化水釜中煎，喜奎浴时为温泉。

五愿喜奎身化笔，信手摩挲携入直。

六愿喜奎身化我，我欲如何无不可。

七愿喜奎父母有特权，收作女婿丈母怜。

前半生作为神童、为国战斗的功绩，早被雨打风吹去，后半生只做梅兰芳的“迷弟”，还因为追求女偶像被人嘲笑，如今也是茶余饭后的下饭笑料。那时候他只能哭泣——啊，沦落不遇佳人啊！到如今，泉下有知，估计还哭泣——啊，文章不遇知己啊！

可谁又忍心苛责巨变时代里哭泣的才子呢？事实上，他在辛亥革命后的好日子也没多久，易顺鼎的生活越发困难。除了迷恋京剧，除了继续捧角不遗余力，他还能如何？

我实在不忍心像一些文学研究评论那样苛责他是巨变时代的羸弱之人，写诗阳刚豪迈硬朗的，也未必和他一样为国上过战场，还独自奔台湾，加入保卫战反割台。他是真汉子，并非羸弱之人，羸弱是他的情绪和诗歌基调的色彩，并非的他行为。1919 年 3 月，爱国志士宋教仁被袁世凯派人暗杀后，易顺鼎为宋教仁书写了好几副挽联。其中一幅是：“既生瑜，何生亮；卿不死，孤不安。”这句出自《三国演义》，借古讽今，妙在借袁世凯的口吻说出来，讽刺犀利。

我也实在不忍心和其他文学评论一样评价他后期的诗是文化狭隘，跟不上五四新文化潮流。以他的出生经历和教育来说，他做到的已实属难得。

他那时候住在北京，也许平日的安慰就是与南方的诗友唱和，出入歌场舞榭，与失意的官僚、顽固的遗老和文人组成寒山诗社。他与诗友、文友一起写几首诗，看几出戏，在舞台的恍惚中，怀念他们的旧时光。的确，他此时的诗歌和汉字语言发展以及新文学运动的潮流是违背的，他自然只能在哭泣国家大局之不可为后，加一句——文章不遇知己！

在古代，面对一个末世、衰世和变世，本可以有“国家不幸诗家幸”的自我期许，可以用“诗史”之笔，记录时代的满眼沧桑。可惜，这次巨变太大了，我们的民族语言也随着大时代大变革了，谁还理会“遗老”诗句？

1920 年，易顺鼎去世，终年六十二岁。有好事者用鲜灵芝代入，撰成一副语气很戏谑的挽联：

灵芝不灵，百草难医才子命；哭庵谁哭，一生只惹美人怜！

他去世后，当年和他一起征歌选色、乐此不疲的“劣绅”叶德辉也赋诗一首以示怀念，诗云：“刘晏神童早有名，如何垂老百无成。文章太怪伤游戏，知遇难酬负圣明。结习总多才子气，新词工写儿女情。张灵再世凭谁信，要待船山证旧盟。”该诗大体上道尽了他一生的得失。

易顺鼎的生命已被死神带走了，唯独三副热泪仍长留人间。

一哭国家大局之不可为；

二哭文章不遇知己；

三哭沦落不遇佳人。

易顺鼎，最后最著名的号，就是“哭庵”了。

不知年年辽海上，文章何处哭西风?

巨变时代，才子的哭泣

从 1840 年，到 1911 年，再到 1949 年，百年时间，中国大地之上、苍穹之下，战争和变革何曾真正地消停过。

今天，依旧可以想象那个年代战争带来的苦难，兵连祸结，血雨腥风，生灵涂炭，家破人亡，妻离子散……炮火的浓烟呛咳了呼吸，兵燹疮痍了视线，对死的恐惧与对生的渴盼才是时代的主旋律，无论是对百姓、流民、军阀，还是对年轻的恋人。

如今，文学评论文章评易顺鼎晚年文章格局狭隘是很容易的，可和易顺鼎一样的教育环境之下，谁又可以比他做得更好？到如今，评价他一生诗歌有忧愁和羸弱是很容易的，可是一个哭泣的、忧愁的才子，也曾不顾生死，在战场上为国效力。

一个才子的抱负，最后没有被雨打风吹去，是被深藏在心底，被尘封在时代的角落，脆弱得如同太阳升起前的朝露。他的“三哭”，是大变革时代一个穷途士子宿命的哭泣，但“绝非小儿女惺忪作态可比，唯大英雄方能得其中至味”。

第十一辑

蒋春霖：落拓一生却是战乱年代记录者

杜甫的诗，是唐朝的纪录片，让诗歌承载一段历史。

到清代，也有一位用词写下纪录片的作者——蒋春霖。

当英军的枪炮打进中国，蒋春霖预感中国将经历一场惊天动地的大变化。

他写下“婵娟，不语对愁眠，往事恨难捐。看莽莽南徐，苍苍北固，如此山川！钩连，更无铁锁，任排空、樯橹自回旋。寂寞鱼龙睡稳，伤心付与秋烟”。

结尾两句，可比杜甫。

蒋春霖也是落魄之人，堪比法国的波特莱尔。

清代版杜甫

“君子所大者生也，所大乎其生者时也。”

杜甫的诗，是唐朝时代的纪录片。他的记录中有时代的乱象，有战乱的流离，也有小人物的痛苦和无奈，让文学成为另外一种历史。

杜甫的诗中有战争年代士兵之苦楚，《兵车行》记录军队抓人做壮丁，士兵们无奈和亲人告别，父母妻儿不愿意他们走，拉着衣服哭——

爷娘妻子走相送，尘埃不见咸阳桥。
牵衣顿足拦道哭，哭声直上干云霄。

那时候战乱中士兵的遭遇和战争的血腥恐怖，都被他记录：“孟冬十郡良家子，血作陈陶泽中水。”

谋到下层小官吏职务的杜甫也养不起孩子，最小的的孩子饥病交加去世后，他记录下他小老百姓的悲愤《自京奉先县咏怀五百字》："朱门酒肉臭，路有冻死骨。荣枯咫尺异，惆怅难再述。"

看见旧日繁华的长安城周围一片破败荒芜的景象，他叹息："国破山河在，城春草木深。"

杜甫去世后很多年，那个写"曾经沧海难为水"的元稹被他的诗惊呆了，原来最伟大的诗人不是"颜谢"，不是"徐庾"，甚至不是初唐四杰，而是这位穷困潦倒、为国家战乱写下纪录片的杜甫。他当即为杜甫写下墓志铭："盖所谓上薄《风》《骚》，下该沈宋，古傍苏李，气夺曹刘。掩颜谢之孤高，杂徐庾之流丽，尽得古今之体势，而兼人人之所独专矣。"

韩愈看了杜诗感叹道："李杜文章在，光芒万丈长。"白居易也对杜甫的作品崇拜不已，还因此确立了自己的诗歌风格。最痴爱杜甫的其实是唐文宗，他在杜甫的诗歌中读到了盛唐时的一些宫殿遗址，立马下令重建。

独霸"诗圣""诗史"的身后名很久以后，一千多年后，有一个写下"词史"的人出现，他便是清代的纪录片词人——蒋春霖。

一千多年后，清王朝历经太平天国战乱，也走进了末期的命运。"日之将夕，悲风骤至"，蒋春霖记录了当时神州荡覆国运颓危的时代。

太平军破扬州，蒋春霖写《金缕曲》，悲叹战乱后扬州萧条与破败的模样："扁舟待趁寒潮渡。绕空江、鹧鸪声声，乱烟无数。歌管楼台斜阳冷，换了城西戍鼓。"

“惊飞燕子魂无定，荒洲坠如残叶”细致刻画了慌乱中从太平军占领的南京城中逃出的平民的惊魂未定。还有战乱中不能团聚的青年男女的别离痛苦：“洪彦先与秦淮女子有桃叶渡江之约，未果而金陵陷，不可寻问矣。彦先哀之，为赋此解。”金陵沦陷，“桃叶渡江之约”遂成泡影，最终落得“相思泪，都化啼鹃”。

“东风一夜转平芜，可怜愁满江南北。”蒋春霖用这首《踏莎行·癸丑三月赋》记录了太平天国的三月战事。谭献为此评他为：“咏金陵沦陷事，此谓词史。”

清朝，这个词又焕发新生的时期，出现了一个很大的门派——常州词派。门派掌门人之一的周济倡导写词，不仅仅为了抒发个人的小情怀，更有对国家安危对时事苍生的感慨。写词，不能被困在“离别怀思，感士不遇”的感慨里。

这个时候，蒋春霖，“词坛杜甫”出现了。

蒋春霖与“落红不是无情物”的作者龚自珍同期，都在道光年间前后，目睹英军的枪炮打进中国。蒋春霖词“婵娟，不语对愁眠，往事恨难捐。看莽莽南徐，苍苍北固，如此山川！钩连，更无铁锁，任排空、樯橹自回旋。寂寞鱼龙睡稳，伤心付与秋烟”结尾两句，可比杜甫。

落拓一生

蒋春霖（1818—1868），字鹿潭，主要活跃在清朝咸丰同治年间，看遍鸦片战争后的神州，亲历太平天国战争。

他是江苏江阴人，世居江阴蒋家巷。因父亲在大兴地区工作，就随父把户口迁往大兴。

虽然他一生颠沛流离，好像很穷困潦倒，实际上他的先祖，就算谈不上世胄，也是茂族，绝非什么市井小姓。据一本家族书《东山大族》记载："蒋氏旧时在东山武山一带有较大名望，其集居地名蒋家巷。明清时期的官庄和蒋家巷，曾盛行一时，街巷银楼、钱庄、商行林立。"

这个蒋家可不只是街道上多开几家商铺银行的商人，必定也是非常注重文化的世家。康乾时期，蒋家巷就出了八位太学生。蒋春霖的父亲在顺天府谋职，年少时的蒋春霖被父亲带着登黄鹤楼赋诗，少年时期往来的都是一群文人墨客，就此可看出蒋春霖的出身非常好。

出生于官宦之家、书香门第，蒋春霖从小就拥有一个文化气息浓厚的学习环境，父亲常带他参加各种文人聚会。蒋春霖很小的时候就很聪明，到青少年时，十八岁的他就能“周旋于先辈间，尝登黄鹤楼赋诗，老宿敛手，一时有‘乳虎’之目”。学者长辈们看到他，都感叹这孩子“才气甚雄”，看起来像少年王勃呢！想来，即便在史料里没有找到具体的记载，却也可以知道蒋春霖父亲非常注重他的教育了，估计经常亲自指导他读书。

蒋春霖的父亲蒋尊典本就是读书人，还是一个科场的得意人，清道光九年（1829 年）十月以大兴举人身份到湖北荆门直隶州担任知州一职，这也是为何江阴人蒋春霖幼年成长在这里。可惜蒋尊典大约在道光二十五年（1845 年）左右离世。

他居住的江阴蒋家巷，一直是蒋家的家族集居地。这期间蒋家落败，和整个大清朝一起衰败：“乾隆中叶以后，清室即入衰运……乾隆末叶，民变之事已数见不鲜。”变革年代和战乱一起降临在这片土地上，幼年的蒋春霖自小就同国家命运一般风雨动荡。

父亲死后，家道中落，蒋春霖需要负起家庭责任了。这时候他听母亲的话，到京师，希望考取功名。但蒋春霖无法心无旁骛地待在京城，他一直奉养着母亲，辗转于荆门和北京之间。因为他的才华，一时在文友圈子非常有名。可惜，他不适合应试教育，或者那时候他家里的光景一日不如一日，他的情绪不佳。总之他考过几次科举，都未能得志。

这时候他写的《渡江云》词最能表达他当时的心情。

春明再到，人事都非，崔护萧郎，一时同感。

燕泥衔杏雨，炉薰隐篆，朱户昼。半窗松影碎，小语分茶，日暖唤青禽。那不见、招手楼阴。空自踏、落花归去，消歇酒杯心。沈吟。红墙几尺，远过蓬山，更难通鱼锦。换尽了，陌头柳色，愁满罗襟。梦中常订重逢约，甚隔帘，翻怕相寻。门又掩，碧桃一树春深。

“春明再到”，蒋春霖自诉第二次到北京求取功名。一个“再”字，到底是说在科考之路上屡战屡败，还是屡败屡战，也许都是满纸压力重重。当然，这首词是艳词，第二次入京求取功名是故地重游，也是对昔日京城某一个邂逅女子的怀念。这首词，还不是后来词史的味道，还是个人的小艳情，没有一丁点儿乱离之语。

“春明”是对京城的通称。唐朝时候都城长安，东西有三门，中间那个就叫作“春明”，所以后来“春明”就成了京城的通称。很多诗词都以“春明”指代京城，比如唐朝王建《寄广文张博士》诗里就说“春明门外作卑官，病友经年不得看”，说他在京城城门外做小官。

序中说的“崔护萧郎”，蒋春霖“玩梗”玩得十分巧妙。古典诗词用典，也就是事典、语典，翻译成现在的语言就是“玩梗”，这个梗玩得恰到好处。崔护的梗是指崔护春日遇到一位佳人，第二年想要再遇，却重寻不遇。这里第二次进京城考取功名，希望再遇上佳人，却复寻不得。一样的情，一样的故事，和崔护一样，“门又掩，碧桃一树春深”就类似崔护写的诗句“去年今日此门中，人面桃花相映红。人面不知何处去，桃花依旧笑春风”。

蒋春霖不仅用了“崔护”的梗来说词的剧情，也很厉害地巧化诗句，用了李商隐的诗句表达和佳人失散的失意惆怅。“红墙几尺，远过蓬山”脱化自李商隐“本来银汉是红墙，隔得卢家白玉堂”“刘郎已恨蓬山远，更隔蓬山一万里”。

相见无期，没有缘分，这时候的蒋春霖是小小的忧愁，还未见识过战争残酷。第一句“燕子衔杏雨”，“杏雨”即杏花雨，是清明时节所降之雨。后来战争到来，忧愁再也不是这种小情小爱小别离。他的词，变得更加深沉，和他的愁一样变得深刻和沉默，连描写燕子，也和这一句不同。在战争后，他的词句中，连燕子也不会飞来。

不过，这时候他的词还比不上战争后词的成就。毕竟，这时候的词还有些艳，有些媚，延续了“诗庄词媚”的传统，没有太大突破，不算开创新门派。

诗和词，是我国古代文学两个重要的题材，不像现代诗歌，都可以庄重，都可以艳丽，都可以妩媚。古代诗词风格总结起来是诗“苍劲古朴”，词“贵香艳清幽”，形成了“诗庄词媚”之说。“诗庄”，取字面意思就是说诗歌大都庄肃严整；“词媚”就是指词相对婉约媚气。

诗歌苍劲古朴，适合表现历史感；词香艳清幽，似乎也可以从另一个角度表现大时代中小个体的情感，二者不相上下。杜诗和蒋词若可以类比电视剧的话，杜诗可以比作央视播放的恢宏的历史剧，蒋词则像香港TVB播放的生活剧。

第二次参加考试的蒋春霖，还是以失败告终。据记载，他曾经三次赶考，三次失败，换作其他人也许屡败屡战，可对他，三次失败就足够他心力交瘁。蒋春霖只活了五十一岁，想来并不是身体和心理都康健之人，而身体羸弱，有时候也影响一个人的精神斗志。

清道光二十七年（1857 年），蒋春霖最后一次入京考试失败后，他放弃了科考之路，选择做一个盐官，“不得志于有司，乃弃举业，就淮南盐官，非其志也”。这非其所愿，其实是生活的压力使得他别无他选。他没有再去京城，一直在扬州附近逗留。

后来，蒋春霖做了盐场大使。这大使并不是什么大盐官，只是一员小吏。蒋春霖在任期间颇有成绩，受人尊重和器重。在盐场，蒋春霖度过了他一生中最安稳的一段日子，但久不见升迁。清咸丰七年（1857 年），母亲去世后，其生活更加潦倒。到咸丰末年，他遭罢官，开始了他大半辈子的流浪生涯。

平心而论，盐官这职务虽然很微小，但足以使蒋春霖一家温饱无忧，节俭度日开支不大，他还可以有一些结余去接济乡邻。但是作为一个有济世之才和文化傲气的文人，这不算好日子，对他来说这日子过得有些悲哀。蒋春霖文集《水云楼集》叙说他不是很想去做盐官，做盐官的时候心情是“负文学气义，与世牴牾”。

那时两淮地区盐运兴盛，商业氛围也颇见端倪。对于读书人来说，当时有寒儒会“弃儒就商”，当然蒋春霖不可能如此，他一直是传统的读书人。蒋春霖，和他所交游的朋友们，虽然仕途不好，但依旧向往中国社会一般文人所希望追求的功名禄位，希望做基层士绅。他们这些属于士绅一类的读书人，多少有些文化的傲性，和也愿从商的读书人大大不同，文化傲性让他们这种士人继续中国的文化道统。

母亲病故后，辞官守孝的蒋春霖从此留居东台。三年后，妻子也去世了。蒋春霖心中满满不舍，满满悲痛。他思念妻子，写下悼亡之作《庆春宫·秋宵露坐，时妇亡四月矣》:

蚓曲依墙，鱼更隔岸，短廊阴亚蔷薇。露幂闲阶，微凉自惊，无人泥问添衣。并禽栖遍，趁星影、孤鸿夜飞。绳河低转，梦冷孀娥，香雾霏霏。

当时曲槛花围。却月疏栊，玉臂清辉。纨扇抛残，空怜锦瑟，西风怨入金徽。返魂烧尽，甚环佩、宵深怕归。茫茫此恨，碧海青天，惟有秋知。

蒋春霖的夫人在与其相处二十多年后去世了，他在秋宵露坐之时写就此词。

上阕“露幂闲阶，微凉自惊，无人泥问添衣”，在天冷微凉的秋季思念妻子曾经每年都问他是否添衣，怀念妻子体贴入微，有些元稹的《遣悲怀》诗的味道。

从一起携手的“并禽栖遍”，到今天一个人孤独地在夜晚“孤鸿夜飞”，妻子走后，自己一人是何等孤苦?

到下阕，回忆当年，“当时曲槛花围。却月疏栊，玉臂清辉”

的情景，好像小轩窗正梳妆，宛然在目，可都是过去时了。最后，“返魂烧尽，甚环佩、宵深怕归”曲尽，愁人心志。“茫茫此恨，碧海青天，惟有秋知”更是写出了他心中无限的凄凉，读之，凉到此，是秋中之秋，凉中之凉，令人断肠。

母亲和妻子都走后，无须侍奉母亲、赡养妻子的他也无须为家计做盐官，也无人关心他的物质生活水平，蒋春霖索性就放弃对生活水平的追求了。无官无禄的蒋春霖再无“官场使其浑浊”、盐场让他有铜臭味之忧，他似乎也有了一份自由，除了经济上时时陷于窘迫。有时候，他只得依靠朋友和盐商的接济度日，比如“崇儒情结”的商人周文同，还有文人好友陈百生、杜文澜。杜文澜当时在泰州做签判，读蒋春霖词后，惊叹他的才华，他立马帮助四十四岁的蒋春霖刻印了他的文集《水云楼词》。

杜文澜还帮蒋春霖纳黄婉君为妾。可惜这样的好友，最后无意中把蒋春霖推向自绝。

蒋春霖在泰州滞留期间，邂逅能善歌又能弹琵琶的黄婉君。杜文澜和陈百生见他孤苦，便帮助婉君赎了身，帮蒋春霖纳婉君为妾。这对于蒋春霖，是贫苦生活落拓一生的最后慰藉。黄婉君能唱能琵琶，蒋春霖喜欢写词，也精于箫管，每每创作了新词，婉君便歌之，一时才子佳人，琴瑟和鸣。

著名的词《琵琶仙》就记录了这一段温暖时光：

五湖之志久矣！羁累江北，苦不得去。岁乙丑，偕婉君泛舟黄桥，望见烟水，益念乡土，谱白石自度曲一章，以箜篌按之。

婉君曾经丧乱，歌声甚哀。

天际归舟，悔轻与故国。梅华为约。归雁啼入箜篌，沙洲共飘泊。寒未减，东风又急，问谁管、沈腰愁削？一舸青琴，乘涛载雪，聊共斟酌。更休怨、伤别伤春，怕垂老、心情渐非昨。弹指十年幽恨，损萧娘眉萼。今夜冷，篷窗倦倚，为月明、强起梳掠。怎奈银甲秋声，暗回清角！

序中“五湖之志”是说归隐之志。这个梗来自《吴越春秋》，范蠡帮越王勾践灭吴王夫差后，选择离开，偕西施泛舟五湖而归隐。这首词里，蒋春霖有和婉君泛舟江湖之意。“岁乙丑”写了时间，是清同治四年（1865 年）。“黄桥”在江苏泰兴县北，就在蒋春霖的故乡隔江相望处。谱“白石”的曲，就是说借白石的词调来写这一首词。白石，是宋代词人姜夔，号白石道人。他非常精通音律，善自度曲,《琵琶仙》即姜氏所创词调。姜夔本人的词中，也有不少和歌姬小红的琴瑟和鸣，蒋春霖用“琵琶仙”词牌，和宋朝姜夔隔着时光遥相呼应。

此词上阕主要写故乡之念，下阕写婉君。

这次旅行就在江北的黄桥一带。江湖泛舟，二人世界，是多么温情，蒋春霖却在这时候思念故乡。“天际”是说极远之地，泛舟在黄桥，其实和故乡很近，只有一江之隔，只是对岸，却有“天际”的遥远感。咫尺，就是天南地北，有家难归！所以，后悔不该和故乡梅花有约，辜负了故乡亲情和美景。归雁的嘹唳融入了凄咽的箜篌，凄紧的河风，难以抵御的寒意，难禁腰肢纤瘦的憔悴，兰舟上氤氲着低沉忧郁的氛围。

下阕的词笔更低回，幽咽在喉。更休怨了，不必提起伤春伤别，年岁已高，却依旧沉沦，漂泊无依。时光忽然间就弹指过去，十年无情岁月，时局的动荡，生活的困顿，早使婉君的容颜磨损。虽是美人，但不得不向现实生活低头。“眉萼”指眼眉之间如花朵般的美感。今夜冷，寒气逼人，本应倦倚在篷窗边休憩，但婉君你为了不辜负明月强打精神梳洗装扮，唱一支由“我”的箜篌伴奏的清歌。可，怎奈“我”那银甲弹拨出的声，是凄清黯然的角声。“银甲”乃银制的用于弹奏的假指甲，“秋声”是说悲凉凄切之声。中国文人一直有悲秋传统，这秋声，就是告诉你，这声音，只会带人进入凄凄切切之中。

这时候蒋春霖的确经济上有些困难，不足以支撑这段关系。古代的才子，就算如他们的诗词中所描述的，困难时期，也总有歌姬相伴，大都其实没那么穷。实际上，古代歌姬或者闺秀也一样希望跟随有经济能力的男性，歌姬们也是为了寻找一个依靠。闺秀的闺怨只不过含蓄和委婉，用“教夫婿觅封侯”式的励志作修饰，“我爱你，我会嫁给你，不过等你中举再说”。古代女人会看重才子，看上他的才华，那还不是图对方有潜力，今后能过上安定、安全的生活。黄婉君是正常的、需要经济依靠的，而蒋春霖不是白马王子，他们也许真会分道扬镳。

可蒋春霖没有中举也不善生计，就算有点钱也在歌楼酒馆随手散尽帮助他同情的女子们。那时候黄婉君还有毒瘾，花销较大。

在东台时，他们仅依赖几家盐商几个朋友的情谊接济生活。蒋春霖是文人，有些傲气，碍于面子，每月生活之资大部分由黄婉君去取，据说日久，就传闻她与一盐商管账之人发生暧昧。是否真实，这无从考证。蒋春霖听到悲愤不已，希望挽回这不定的感情，带着黄婉君去苏州求助杜文澜，希望得到一些资助。

可惜，命运这下又折腾了蒋春霖。蒋春霖去找杜文澜，可杜文澜闭门不见。据说是杜文澜升官了，门第高了，得不到通传，实际上蒋春霖事后也看得出他的薄情。吃了杜文澜闭门羹后的蒋春霖心灰意冷，在垂虹桥喝药自杀，郁死吴江舟中，时年五十一岁，黄婉君随之殉情。

后来也有人怀疑黄婉君的殉情是被迫的，是被陈百生逼死的。黄婉君固然有错，但以死抵罪却太残酷。若真是陈百生逼死黄婉君，可能一半为杜文澜诿过，一半亦当为黄婉君的不贞而替蒋春霖出气，他《哭蒋鹿潭（蒋春霖）》诗开首即说："拾橡逢狙怒，乘轩为鹤谋。""狙""鹤"便似有影射杜文澜的不义及黄婉君的不能安贫乐道。若黄婉君能安贫，蒋春霖又何必拜访杜文澜求助，酿成悲剧的发生。

蒋春霖死后，遗棺寄在一座庙中未有安葬，无论是陈百生还是杜文澜都没有安顿好蒋春霖后事，居然让蒋春霖去世后"数十年，无人为之举葬"。

他落拓一生，还赔上爱妾，也没有被好好料理后事，去世很久后，才被帮助过他的人的后代捡起。周文同的后人周梦庄整理了蒋春霖的作品，编写为《水云楼词疏证》，流传后世。

词中史：战乱年代的记录者

周文同的后人周梦庄一直保留着蒋春霖的一幅白描画像。

画中蒋春霖头戴斗笠，手持钓竿。这是典型的归隐打扮，泛舟江湖。他这是“孤舟蓑笠翁，独钓寒江雪”的百年孤独感，还是“青箬笠绿蓑衣，斜风细雨不须归”的舒适，抑或是“一蓑烟雨任平生”的不羁和疏狂？

也许归隐只是心中所愿，战乱频仍和颠沛流离才是他真正的一生。

有多位清末民初名人为此画题诗，其中曾任中华民国临时政府交通总长也是著名词学家的叶恭绰为画像题《浣溪沙》：

屹立词坛特建牙，倚声杜老论非夸，好将鹤唳压群蛙。
柳色梦迷仙掌路，笛声啼损马胜花，江关萧瑟况无家。

“倚声杜老”，就是词中杜甫的意思。因为词是合着音乐格律写，又称倚声。因为他的词是一部晚清的词史，一部太平天国的词史，写满了战乱时代的满目疮痍，也写了弱小个体在战乱时代面前“无能的力量”，是当之无愧的词中杜老。

他和杜甫一样是沉郁的。他的词绵密而深幽，比较激越和慷慨地感慨时事的作品是著名的《木兰花慢·江行晚过北固山》:

泊秦淮雨霁，又灯火、送归船。正树拥云昏，星垂野阔，暝色浮天。芦边夜潮骤起，晕波心、月影荡江圆。梦醒谁歌楚些，泠泠霜激哀弦。

婵娟，不语对愁眠，往事恨难捐。看莽莽南徐，苍苍北固，如此山川。钩连，更无铁锁。任排空、樯橹自回旋。寂寞鱼龙睡稳，伤心付与秋烟。

“江行晚过北固山”是词牌后的小标题，写蒋春霖坐船经过北固山时候的感慨。这座北固山，在扬州镇江附近。小舟原泊秦淮河，刚刚雨过天晴，在灯火影中送“我”归程。树木好像被云朵拥抱着，昏暗一片。“星垂野阔”是化用杜甫《旅夜书怀》“星垂平野阔，月涌大江流”入词。“暝色浮天”，昏暗的夜色从水面弥漫到天边，概写夜色，为总括语。芦苇边夜潮涌起，视觉和听觉的感觉一起袭来:“晕波心、月影盈江圆。”夜晚潮水的声音忽然间此起彼伏，“晕”是月亮旁边的影子，和“云昏”互相对应。圆圆的月亮，照在江心，影子随波荡漾。“月影荡江圆”和“星垂野阔”，写夜色下的江景丝丝入扣。梦醒时候，谁在唱着哀伤的“楚些”呢？“楚些”就是指《楚辞》，“些”是《楚辞》里常用的一个语尾助词。《楚辞》，本就是屈原的满腹伤痛，字字句句都是哀悼楚国走向败落的悲悯和感慨。而如今，这里唱着楚辞的人，是不是就是唱着如今的江山？侧耳倾听，哀弦弹奏于霜天晓角之间，显得格外清越，泠澈，声清。

到下阕，月亮静静地照亮“我”，和“我”相对无言。“婵娟”指的是月亮。月光照入船舱，无语对愁眠之人，读起来有《枫桥夜泊》“江枫渔火对愁眠”之感。

鸦片战争中，清道光二十二年（1842 年）英军攻陷了镇江，八十余舰长驱直入到达南京。中英《南京条约》签订，半封建半殖民地时代无奈到来。往事恨难捐，对个人所恨，也许又是家道中落，科举失败，怀念当初少年赋诗黄鹤楼，老朽为之敛手，而今浪迹江湖不得志，无论是家国还是个人往事，都难捐，“捐”是消除的意思。多少家国往事不得志，忘不掉啊！

莽莽南徐（今镇江），苍苍北固（镇江北长江边）两句，看这么广阔的南徐平野，这么苍茫的北固高山，美好山川，为何这么多战乱？“钩连，更无铁锁”，是江防废弛及英舰在江上横行无阻的写照。这句出自刘禹锡《西塞山怀古》：“王濬楼船下益州，金陵王气黯然收。千寻铁锁沉江底，一片降幡出石头。”据《晋书·王濬传》载：西晋时伐吴，王濬造大船，可载二千余人，以木为城，起楼橹，从成都出发攻吴国。吴人知道了，在险碛要害之处以铁锁横截之。又作铁锥，长丈余。如今，铁索锁江亦无，国防不在，任凭“排空樯橹”自在回旋。樯，是船帆；橹，是船桨。这是说任凭英军的军舰在我们的长江上回旋驰骋。

最后两句是“寂寞鱼龙睡稳，伤心付与秋烟”，潮退江面平静，内心却悲怆无比。这两句容易联想到杜甫《秋兴》八首中的“鱼龙寂寞秋江冷，故国平居有所思”。杜甫感慨的是安史之乱后的国家多难，蒋春霖也是一样的悲悯，把一切伤心都化作秋江上的茫茫烟霾吧！

而此次江行之时正在英军入侵之后，途经之地适为英军入侵之处，眼前的江防门户今已洞开，望中的长江重镇竟失守，词情遂由此激发，抒发对山川依旧、国运已非之无限感慨。

悲情烘托氛围，渲染场景，从而拓宽词境，加重词情。蒋春霖这首词极为沉郁，有庾信《哀江南赋》之悲吟，有杜甫《旅夜书怀》之悲长，难怪被词学家谭献评为“子山（庾信），子美（杜甫），把臂入林”。

也许这家国的大事叫人感慨，词作的高超古今流传，是蒋春霖最受赞颂的词作。可是作为个体真心被感动的是他写战乱时期的爱情，写青年男女的失散。《甘州》一首，给人的感动，不亚于杜甫的《石壕吏》。

洪彦先与秦淮女子有桃叶渡江之约，未果而金陵陷，不可寻问矣。彦先哀之为赋此解。

悔年时刻意学伤春，东风柳花颠。绕红阑是水，清波照影，镜拥双鸾。去楫桃根何处？团扇误婵娟。梦醒还疑梦，此恨绵绵。

休记银屏朱阁，便江山如画、今落谁边？倚斜阳弹泪，一例吊秋烟。待低拜，青溪夜月。问何时，重为玉人圆？长怀感，有相思血，都化啼鹃。

这首词写的是作者的好友洪彦先先生，曾和一名秦淮女子有“桃叶渡江”之约，可是因为战争，找不到佳人。桃叶渡是一个地名，地名的由来是一段美丽的爱情故事。大书法家王羲之的七儿子王献之常在一个渡口迎接他的爱妾桃叶渡河。这个渡口河水湍急，若遇有风浪，摆渡不慎会容易翻船。桃叶每次渡江心里都有些害怕，王献之为了安慰她写了一首《桃叶歌》：“桃仙复桃叶，渡江不用楫，但渡无所苦，我自迎接汝。”后人为了纪念这个故事，就把王献之迎接桃叶的渡口命名为桃叶渡。

也因此，词的第一个字就是“悔”，后悔效仿王献之和桃叶的往事——太平军的战火让渡口再也接不到心爱之人。

绕红阑的是水，记得心爱的姑娘在秦淮河畔，清波映照，俪影双双，像镜中的双鸾一样。鸾鸟，是悲剧的意味，和鸳鸯不同，比喻无偶或失偶者对命运的伤悼。南朝刘宋范泰的《鸾鸟诗》序里就写，传说古代有一只鸾鸟被捉，因为失偶三年不鸣，后于镜中自顾身影，哀鸣而死。这两人也终如镜中鸾鸟，饱尝生离死别之苦痛。到下句击楫桃根就回应了桃叶渡江之约，一个“何处”之问再说序中说的“不可寻问”之现实和无奈。

团扇误婵娟，是桃叶渡的继续。王献之爱妾桃叶《答王团扇歌》：“七宝画团扇，灿烂明月光。与郎却暄暑，相忆莫相忘。”那位女子也想如桃叶一样回报深情，可战乱误却了青春年华般的美好容颜。归结这一场爱情，只能是水中花梦中月一样美好，回到现实里只会徒留永远无法相见的遗憾。怕梦醒了，还怀疑梦的真假，魂还在梦里，此情不待，此恨绵绵，是否有绝?

下阕系蒋春霖对这对情人的劝慰。开头“休记”，期望友人不要被如此情事牵挂，被爱情伤害。别记得银屏朱阁，“银屏朱阁”指歌姬闺房。蒋春霖宽慰友人，也从大处着眼，家国之忧，更胜个人情爱。“便江山如画、今落谁边? ”谁不是乱世中可怜的浮萍，太平军的叛乱和金陵沦陷，伤害的又何止是这对情人。伤心太平军不只是占领金陵，似乎会陷更多江山于危机中，更多国土上的可怜人，到底如何寻求安定的家园? “倚斜阳弹泪，一例吊秋烟”，写的是对国家局势和战乱中的个体的忧虑挂怀。“待低拜、青溪夜月。问何时，重为玉人圆? ”看似着眼于个人情爱之叹息，企盼秦淮河畔歌馆楼台的热闹盛景能早日重现。青溪，又名九曲青溪，是秦淮河段之一，玉人此处指的是秦淮歌女们。所以，最后感慨“长怀感，有相思血，都化啼鹃”，这句是向文天祥“从今别却江南路，化作啼鹃带血归”(《金陵驿二首》)致敬。文天祥也写在国破家亡之日，用了《楚辞》望帝死后化为啼血杜鹃的神话故事，表示自己虽然被迫离开故乡，虽无生还之望，但一片忠魂，终归南土。蒋春霖这里，是对战争中的青年男女爱情的哀悼，也是家国之思的信念。忧思怀想，衷心所盼皆家园恢复，蒋春霖所作词史置个人情事于家国天下之中，更唤醒我们读者对每一个个体的深情眷顾。

叶嘉莹曾形容词是一种“弱德之美”，因为词体低回婉转，宜于言情的特性，更适合书写一种弱势的、被损害、被污辱的感情。词史是词中反映历史事件的作品，这个观念来自“诗史”的观念。和杜甫的年代不同，晚清蒋春霖的词更写内心的微妙，在书写历史事件之感怀时，更加低回幽怨于心。

感谢蒋春霖，颠沛一生，却为我们记录下更加唤醒个体深情的战乱年代。

第十二辑

龚自珍：被优秀女人包围的一生

晚清的中国，在不平等条约的黑云压顶下九州生气，万马齐喑。

可那可怜的封建社会，却也有志士，也有不逊于勃朗特姐妹的中国才女。

那年代有才子龚自珍，一生都被才女包围，告诉世界“我家妇人，无一不可入翰林者”。

也许，正因为他被才女们所塑造，所以他才能即写“我劝天公重抖擞”之豪迈，又能写出“落红不是无情物”之柔情。

现如今美国有些研究中国的学者们发现了中国清代有不少女性知识分子，也就是中国人说的才女：比如写清初的有《闺塾师》说才女出门做女教师，扛起家庭经济重任；写盛清的有《缀珍录》里一般女诗人；到晚清也有写一家从奶奶备到妈妈辈四姐妹到孙女辈都是诗词达人的《张门才女》。

和她们比起来，虽然我们还在封建社会，可同期的资本主义国家英国的勃朗特姐妹恐怕也没有在女知识分子方面占上风。当然中国才女的知名度低一些，毕竟她们中很少有写出勃朗特姐妹《简·爱》《呼啸山庄》《艾格妮丝·格雷》这种家喻户晓的小说作品的作家。不过也因为中国才女们更专注诗词这类大众传播力量较小的文体，而非写小说这种大众读物罢了。

如果要列举被列强欺负的封建社会是否有一群并不逊色的女人，那么就要从龚自珍身边的女性说起。

龚自珍，就是那个写下“落红不是无情物”“我劝天公重抖擞”和《病梅馆记》的那位龚自珍。他的母亲、妹妹、妻子、还有绯闻女友，都是优秀的女人。其中绯闻女友更是了不得，是满清第一才女、“清代第一女词人”顾太清。

龚自珍对此是自豪满满——“今日之翰林，犹足道耶？我家妇人，无一不可入翰林者。”

我们大清国的翰林院算不算什么高大上地方啊？我们家的女人，各个都是可以入选大清国翰林院的料呢！

不知道他被牛逼女人包围是什么自豪的感觉呢。

我们可以把一个个女人都来图鉴一下，看看大文豪龚自珍是怎么被一群女人所塑造的。

龚自珍其人

一直感觉电视剧《还珠格格》中小燕子那能文能武还“拐”了晴格格的亲哥哥箫剑名字的灵感也许来自龚自珍。箫剑是个好名字，剑，是刚，而箫，却有柔，名字就是百炼钢变绕指柔的味道。箫剑，是琼瑶笔下一个大侠，几近完美的人设。他的武功和文才都在永琪、尔康之上，还因为箫，多了几分文艺气息，因为剑，多了江湖气质。

这个名字的来源，也许来自作者琼瑶某日读龚自珍笔下有关箫和剑的诗词句子：

一箫一剑平生意，负尽狂名十五年。(《漫感》)

按剑因谁怒，寻箫思不堪。(《记梦七首》)

气寒西北何人剑？声满东南几处箫。(《秋心三首》)

少年击剑更吹箫，剑气箫心一例消。(《己亥杂诗》)

怨去吹箫，狂来说剑，两样销魂味。(《湘月·天风吹我》)

来何汹涌须挥剑，去尚缠绵可付箫。(《又忏心一首》)

沉思十五年中事，才也纵横，泪也纵横，双负箫心与剑名。(《丑奴儿·沉思十五年中事》)

“才也纵横，泪也纵横”，似乎看着很熟悉，可能《还珠格格》第二部里小燕子背情诗说“横也是死，竖也是死”，就来自这句吧！

琼瑶看来读了龚自珍不少诗文，他到底是怎么一个人呢？

龚自珍，字璱人，号定庵，杭州才子，清朝的思想家、文学家，亦是大诗人。龚自珍于清乾隆五十七年（1792 年）出生，自幼好学，从小就研读看起来非常老学究和文科学问家风格的《经史》和《大学》这类书。

当然，他不是那种老学究，没有只知道“茴”字有四个写法的迂腐气质。他喜欢写作，十三岁的时候就写了《知觉辨》，十五岁的时候就开始写诗集。他写出了很多人小学就会背诵的名句“我劝天公重抖擞，不拘一格降人才”“落红不是无情物，化作春泥更护花”“美人如玉剑如虹”等，还写出了入选我们语文课本的《病梅馆记》。

他是个跨界高手，精通诗、词、文，在文字音韵学、金石学、佛学、历史地理等方面都有很高的成就。

可惜，才子经常命苦，仕途不顺，科举不利。二十七岁那年他考中举人，之后六次落第，终于在三十八岁时当上进士。接着，和大多数才子一样，龚自珍在官场混得不大顺利，他曾任内阁中书、宗人府主事和礼部主事等微小的官职，索性四十八岁辞职回乡。不幸在次年于江苏丹阳云阳书院意外死亡。他的死，据说与王爷侧福晋的绯闻有关。

盘点他的一生，他写过三百多篇文字和七八百首诗词。他的诗文被柳亚子誉为“三百年来第一流”。除了是一名高产诗人之外，他主张革除弊政，抵抗外国侵略，曾全力支持林则徐禁除鸦片。虽然他在世时这些主张不过是文人的振臂一呼，可他的这些思想影响了晚清近代很多进步人士，其中包括康有为。

他的一生，是一箫一剑的剑气箫心。剑气，是凌厉的，是锋芒毕露的，也是热烈的精神气魄；箫心，是哀艳的，是痴情的，是如泣如诉的柔情似水。凌厉和锋芒来自优秀女人的影响，而柔情亦如是。他一直被女人的柔情包围，他被女人成就，也因女人而艳名流传，最后的意外死亡据传也因为女人。

母亲段驯

龚自珍的母亲段驯，是著名文学家段玉裁之女，也是清代闺秀诗人，有自己的文集《绿华吟榭诗草》。当时著名诗歌评论员也是著名女诗人沈善宝在清代女诗人合集《名媛诗话》中，大大赞赏段驯的诗“诗笔卓绝”。

段驯的父亲段玉裁是谁？他更是个厉害角色，成就涵盖哲学、经学、语言学，特别是语言学。我们今天认为牛津大学对于英国、美国等英语文化区来说，最大的壮举之一是牛津字典的编撰。那么，段玉裁一个人的成就，堪比一个团队了。段玉裁作了《说文解字》的注，相当于为《说文解字》和使用者之间搭建了一座桥梁。《说文解字》是东汉时期许慎的作品，贡献在于通过一个个排录汉字字形，然后一个个揭示汉字的本义。那么到清代，段玉裁用很多传世文献文本注释了这些汉字汉语词的引申义，把东汉到清朝的字形、字音、字义都贯通起来。哪怕我们的汉字进入现当代时期，也不可否认段玉裁在汉字的词义学、词汇学上的贡献，毕竟有些词的意思还和现代汉语有点像。甚至可以说，现在的汉字的引申义，很多还以此为基础。

关于这位外祖父的成就，龚自珍在《己亥杂诗·五十八》中也曾高度评价："张杜西京说外家，斯文吾述段金沙。导河积石归东海，一字源流奠万哗。"

这首诗说，要说那西汉的时候，和外祖父有学术渊源，重要的有西京（长安城）的张（敞）和杜（邺）两家。杜邺是张敞外孙，向张敞之子张吉受业；杜邺又向张敞之孙张竦受业。而如今，得外祖父学术渊源的就是"我"了，"我"的外祖父注《说文解字》，对文字考证，就像大禹治水时疏导黄河一样把黄河从积石山疏导到东海，把每个字的来龙去脉都考证得一清二楚，以得到字的"本义""本字"，致使自古以来万古喧哗、争论不休的问题有了定论。

如此厉害的父亲自然培养出了厉害的女儿段驯了。当然段驯不只是厉害的"虎妈"一般的教育者，还是温情的母亲。段驯，首先是女人、是母亲，然后才是教育者吧。

龚自珍小时候非常依恋母亲，身体柔弱又敏感。据说他听到深巷中卖糖人吹箫的声音，就会生病。每当这个时候，母亲段驯不会责备他敏感、不省心，只是把幼儿紧紧搂在怀抱里，给他安全感和温暖。五六岁时，龚自珍还经常夜随母睡，可见其恋母情结。

似乎按照现在的标准，这是给儿童足够的安全感，可以保障他一生。可别说在古代，怕是在我们“80 后”“90 后”的童年时期，这都不算是应特别提倡的行为，甚至被人说成是宠坏孩子，没法给孩子足够多的磨砺去对抗以后的风风雨雨。而实际上，龚自珍好像一生一世都有些依恋女人，也的确没有像保尔·柯察金一样拥有钢铁之心，他只会一生一世怀念母亲给的安全感。行为上，他三十几岁了还会写诗和母亲撒娇。龚自珍和那些不苟言笑、一直保持“男儿有泪不轻弹”的中国男性相比非常罕见，至少这种三十多岁的撒娇行为非常罕见。中国大多男人很少会直接表达自己的感情，《红楼梦》中贾宝玉父亲贾政也是如此，可龚自珍却从来不吝表达对亲密女性的依恋和爱恋，无论是对母亲，还是对妻子、情人。

龚自珍三十几岁在北京生活的时候，写了一首怀念童年的诗作家书——《冬日小病寄家书作》。在这首诗中，他向母亲撒娇并表达依恋之情。诗歌记录了他在杭州童年时的那些事，写得很有感情，很动人。

黄日半窗暖，人声四面希。饧箫咽穷巷，沉沉止复吹。小时闻此声，心神辄为痴。慈母知我病，手以棉覆之。夜梦犹呻寒，投于母中怀。行年迨壮盛，此病恒相随。饮我慈母恩，虽壮同儿时。今年远离别，独坐天之涯。神理日不足，禪悦讵可期。沉沉复悄悄，拥衾思投谁。（予每闻斜日中箫声则病莫喻其故附记于此）

“饧箫咽穷巷，沉沉止复吹。小时闻此声，心神辄为痴。慈母知我病，手以棉覆之。”他小时候在杭州，一听那卖糖者吹的箫声（饧箫）就难受，还好母亲知道他不舒服，她的手，透过棉布握着他的小手。其实，写诗的时候他早已成年，到了北京，当官了，但一听这种卖麦芽糖的箫声，呜咽而低沉，似乎还会神经敏感。夜里，梦到这种声音，还想投入母亲的怀抱。可如今远离母亲，只能裹紧被子，不知道谁可以给他这种安全感呢?

这首诗中“手以棉覆之”很细节，写出了母亲对儿子之爱的细腻与永恒。一度怀疑，一百年多后，被称为世界四大摇滚乐队的BEYOND中的歌词“无法可修饰的一对手，带出温暖永远在背后”也许就是看着龚自珍的诗写出的。

那时候，写这首诗的龚自珍应该经常想起，四岁时，母亲教授他课业，亲自为他开蒙。那时候他可以依偎在母亲的怀抱，听母亲为他解读诗文。

段驯亲自为龚自珍挑选教材，特别选了三位才子:“课以吴梅村诗、方百川文、宋左彝《学古集》。”这三位才子是吴梅村、方舟（方百川）、宋大樽（宋左彝）。

吴梅村，清初才子。吴梅村的诗在清初的影响力，堪比如今最好的新闻作品。他的诗可以存史，比如《松山哀》《圆圆曲》，其史和诗都是精品。如果和孩子讲讲非虚构的故事，介绍一下本朝的历史，这怕是最佳的教材了吧。龚自珍那么小就读了历史感那么强的作品，后来对时局政事那么关切，也许就是吴梅村的诗为他埋下了种子。

方舟，字百川，安徽桐城人。也许说起方舟大家比较陌生，他的弟弟方苞是大名鼎鼎的桐城派（清代文坛最大的散文流派）领袖人物。方舟对方苞影响很大。方苞说哥哥的文章能与唐宋大家相较，而韩菼也说“虽退之无以尚也”，就算没有看到他文章，这种评论，我们也可以想象方舟文章的厉害。他的弟弟方苞最推崇哥哥的应制文，还认为这种政治应试作文，哥哥方舟那是“举制之文名天下”，自己都不一定在这方面超越哥哥。也许段驯选择他的文章作为儿子的入门教材，也是觉得这种文章可以作为效法的范文，有利于孩子科举考试。另外，方舟的文章还有一个特点是没有那么抽象，比较具体，容易教给小朋友。

宋大樽，字左彝，杭州人。前两位在龚自珍出生时候已经离世，宋大樽是当时还健在的活跃学者。这位宋才子是一位真正的读书人，没有积极走仕途，只在国子监任职一阵子，因为母亲病重离职归乡，后来再也没有复职。他一生不做官，人生乐趣就是“读书、聚书、著书”，做了一名藏书家，他的私人藏书里珍品非常多。他写诗，喜欢学李白的豪放飘逸，学了李白后追汉魏。他的诗和人一样，有逸气，也好饮酒，还善治古琴，有一种飘然世外的魏晋风度，和“应试作文大师”方舟截然不同。也许，段驯觉得，出仕与归隐，需要各选一个教给孩子。

母亲去世之后，龚自珍时常怀念母亲，在《三别好诗序》中有这样的描述：“余于近贤文章，有三别好焉，虽明知非文章之极，而自髫年好之，至于冠益好之。……以三者皆于慈母帐外灯前诵之。吴诗出口授，故尤缠绵于心；吾方壮而独游，每一吟此，宛然幼小依膝下时。”“我”最喜欢的近两百年来的三位先贤的文章，也许并非人间最好的文章，却是“我”从小就喜欢熟读的，所以印象深刻，记得滚瓜烂熟，这些全都是小时候母亲在蚊帐外灯前对“我”口诵的诗文。长大后，“我”独自游历，只要一朗读这三人的作品，就好像回到小时候一样。

对于童年的这三位“导师”，长大后龚自珍为他们三位一一写下诗歌：

写吴伟业（吴梅村）——

莫从文体问高卑，

生就灯前儿女诗。

一种春声忘不得，

长安放学夜归时。

写方舟（方百川）——

狼藉丹黄窃自哀，

高吟肺腑走风雷。

不容明月沉天去，

却有江涛动地来。

写宋大樽（宋左彝）——

忽作泠然水瑟鸣，

梅花四壁梦魂清。

杭州几席乡前辈，

灵鬼灵山独此声。

看来相对于私塾教育，幼年的龚自珍更喜欢母亲的教导。他经常从私塾逃课，跑到母亲处学习。“予童时逃塾就母时，一灯荧然，一砚、一几时，依一妪抱一猫时，一切境未起时，一切哀乐未中时，一切语言未造时……”

宁可逃课，也要在母亲处学习，关键是，母亲还不打骂责备。他成年以后回忆起一次逃课到法源寺，只记得逃课回家是“归来慈母怜，摩我有怪腹，言我衣裳凉，饲我芋栗熟”。逃课后，母亲担心他生病了，说可能衣裳太单薄了，又给他好吃的。这真心是难得。段驯想来是罕见的女子。对比古代课子训子图画里的母亲，段驯担心的是孩子肚子饿，而不是把织布机上织了一半的布剪掉提醒儿子逃课这种中断学业的行为要不得。对比现代辅导孩子课业“孩子哭妈妈吼”这种妈妈咆哮的模样，也是温柔得罕见。也许今天只有歌后王菲偷偷带女儿李嫣逃课可比了。那首逃课诗的结尾是“千秋万世名，何如小年乐”。有什么比逃课的儿童时光更愉快呢？因为段驯，他拥有了最美好的童年。

段驯对龚自珍的罕见更来自尊重，哪怕龚自珍才十岁。母子同时赋诗《中秋夜德州舟次季思叔弟，珍儿同作》，她将此作列入自己的诗集中，还珍重地在题目中把儿子的名字一同列入。

有才华，又温柔，还有尊重，段驯是人间难得的母亲。段驯去世后，龚自珍服丧满后写几首诗回忆母亲：

一十四年事，胸中盎盎春。南天初返棹，东阁正留宾。

芳意惊心极，愁容入梦频。娇儿才竟尽，不赋早梅新。

这首诗龚自珍自注“全家南下之岁，迄今十有四年”，今日之作回忆十四年前的往事，是母亲不加修饰的一双手，带出温暖和煦的春意，永远珍藏在胸中。“盎盎春”指母爱的温暖，自唐朝孟郊的著名诗歌《游子吟》名句“谁言寸草心，报得三春晖”后，春晖就成为母爱的象征，龚自珍这里也用盎然春意来说母爱。

当年我们全家一起乘船返回南方，父亲还在官署中热情招待宾客。如今“我”又见到芬芳的梅花，想起母亲您，“我”的心中不由痛苦。母亲，您的娇儿如今历经沧桑，已失去了当初的天真，江郎才尽了，不能为早开的梅花写首诗了。

梅花，是段驯留给龚自珍的回忆。这首诗写后不久，龚自珍又想起母亲和梅花。他写了《乙酉除夕梦返故庐见先母及潘氏姑母》，“窗外双梅树，床头一素琴”，他又回忆起母亲的老房子，自己儿时所住的地方，窗外是梅花树，屋内床头是母亲的琴。

被一个厉害得不逊色于“虎妈”却又温情的母亲包围，春风化雨暖透一颗心，龚自珍的一生被眷顾无言。

妹妹龚自璋和女性长辈归佩珊

一位出色的母亲段驯怎么会只培养一个厉害的儿子龚自珍呢?

她还有一个厉害的女儿龚自璋，还有厉害的好友归懋仪。因为是母亲的好友、妹妹的家庭教师，归懋仪也成为龚自珍的好友。

也许一开始，觉得自家孩子还是别人教育好，毕竟母女间难免亲密，不利于学习，段驯请来了闺阁才女归懋仪作为女儿的闺塾师。

归懋仪，字佩珊，号虞山女史，清代女诗人。她的老师是著名诗人兼美食达人袁枚，所以她和孙原湘妻子席佩兰一样来自清代著名女诗人天团——随园女弟子团。

有了厉害的母亲、厉害的女教师，龚自璋自然不会逊色。她的书法娟秀，比哥哥龚自珍的字写得好看多了，母亲段驯的诗集一开始就是她帮忙手抄整理，她还有自己的文集《圭斋诗词》(龚自璋号圭斋)。

对她的诗，归懋仪夸“脱口吟成绝妙句，笑拈斑笔写新诗。忆君天性耽风雅，砚匣随身不暂离”。这大约是《红楼梦》大观园里姐妹唱和诗社的一个场景，龚自璋像贾探春一样喜欢书法，所以砚台盒子总不离身。其实那个年代，母女、姑姑和外甥女、表姐妹等家族女性之间的诗歌唱和与《红楼梦》里的诗社是接近的，那是清代闺秀才女的日常生活。龚自珍，就来自如此的家族。

比《红楼梦》幸运的在于，闺中女子就算嫁出去后，也会和婚前的好友保持通信联系。龚自璋出嫁后，闺塾师归懋仪有诗相送《圭斋妹具林下高风，擅闺中咏絮，情同胶漆、谊等连枝，别经两载，梦想为劳，离绪如丝，乱愁若絮，爰绘折柳图以赠并系以诗》一首。

相思怅望短长亭，几见飞花扑远行。只有春来杨柳树，照人两眼似君亲。

每到芳时忆旧游，风光触目总生愁。离情较胜风前柳，只有缠绵无尽头。

镜中玉貌卷中身，仿佛风前笑语亲。蘋藻辛勤儿女累，可能不减旧丰神。

一副新图远寄将，迢迢烟水阻河梁。白头人倚东风里，一度攀修一断肠。

出嫁后，亦师亦友的二人分别，思念倍增，一直通过诗、画等方式表达思念与牵挂之情。想着你，长亭更短亭。古人长亭和短亭类似今天说的一个渡口隔着一个高铁站的距离吧。每次春游，总想起你未出嫁的闺阁岁月里一起嬉戏唱和。不知道如今做了妻子做了母亲，是否能适应人生新角色，也许你的风韵还和当年一样吧。给你一幅“我”新绘的图寄给你，希望你幸福快乐，记得亦师亦友的归老师一直挂念你。龚自璋是幸运的，她嫁给一个浙江盐官，度过了美好一生。

归懋仪，后来成为龚自珍的好友，是那种可以做知己的姐姐。她有写夸赞龚自珍这个年轻小弟的诗文，也有写给渐渐长大见识人生无奈的龚自珍的诗文，字字句句是温情和安慰，如《定庵过访谈诗见赠次韵二律》：

风风雨雨掩重门，香烬熏炉火不温。
幻梦几时登觉岸，浮生未免种愁根。
删除荩箧闲诗料，湔洗春衫旧泪痕。
絮泊蓬飘成底事，客中情绪不堪论。

这首诗据说是写给科举失败又失去一位恋人的龚自珍。清嘉庆二十五年（1820年）的一个寒夜，龚自珍重新读归懋仪这首赠诗，读到“删除荩箧闲诗料，湔洗春衫旧泪痕”一句，忽然间心头一阵情绪，写下《寒夜读归佩珊夫人赠诗，有“删除荩箧闲诗料，湔洗春衫旧泪痕”之语，怃然和之》：

风情减后闭闲门，襟尚馀香袖尚温。魔女不知侵戒体，天花容易陨灵根。

蘼芜径老春无缝，薏苡谗成泪有痕。多谢诗仙频问讯，中年百事畏重论。

和一个女子有过一段往事，往事过后，生活渐渐清静，也许是“我”的科考不利，没有门庭若市，现在“我”的家门没有什么人来往，闲门很少打开。“风情”虽减，但还记得这位女子留在他衣襟上的温度。无论怎样美丽的魔女妖女，都不再使“我”动心，只有这过去的恋人才会像“天花”一样摧毁“我”的“灵根”。

“魔女”指摩登伽女。关于摩登伽女，佛教中有个故事，说的是摩登伽女曾去引诱释迦牟尼的十大弟子之一的阿难没有成功。“戒体”为受佛教之戒、不为色欲引诱的身体。这里说，什么美女魔女妖女，都不会使我龚自珍动心了。

与丈夫离异的女子即使在离异之后过了很久，蘼芜路都老了，仍然坚贞自守。“蘼芜径”这句明显受吴梅村影响。吴梅村写给恋人卞玉京的诗《过锦树林玉京道人墓》中“玉娘湖上蘼芜路”就有“蘼芜路”，这句说的是与丈夫离异的女子所经常来往的路。原来的典故来自汉代诗句“上山采蘼芜，下山逢故夫”，后来“逢故夫”的女子就指代被夫家所弃之妇。“春无缝”的“春”指春心、春情。

“薏苡”的典故，来自《后汉书·马援列传》。马援南征归来带了一车当地的薏苡，但权贵们却对皇帝说他带了一车的珍宝，皇帝相信了他们的谗言。龚自珍这里诗句就是暗示被谗言陷害。“薏苡谗成”的受害者很可能不只是龚自珍本人，也是指一位女子，她因受到谗毁而与丈夫离异，所以，“泪有痕”。

多谢归姐姐你还挂念“我”，记得“我”。“中年百事畏重论”，归老师，以后不要再提往事了。往事无须再提，人生已多风雨。纵然记忆抹不去，爱与恨都还在心里，谗言还在人间飘。

这首诗中的女子，不知道到底是谁，也许是某个歌姬，也许是一位王妃，如今还无法确定。龚自珍这一生的确有过一段绯闻，对象是荣亲王府贝勒的侧福晋顾太清。据说是一段隐秘的情事，时称“丁香花公案”。龚自珍的死，据说也与此有关。

“删除荩箧闲诗料，湔洗春衫旧泪痕”，人生几多风雨，可是有个又优秀又温情的小姐姐曾经安慰过龚自珍，啊，别哭了，往事会过去的。

龚自珍应该为人生有如此亦师亦友的知己而感到安慰吧！

绯闻女友顾太清

身边有优秀又厉害的母亲，还有一个亦师亦友的姐姐，对龚自珍来说都是好事。若有一个身份贵重的才女无意做了绯闻女友，那也许是命中一劫。

龚自珍的绯闻女友名叫顾太清。顾太清，后世给她的头衔是“清代第一女诗人”，和纳兰性德齐名——“男中成容若，女中太清春”。她究竟是什么人？

顾太清，名春，字梅仙。原姓西林觉罗氏，满洲镶蓝旗人，祖父是清代有名的大学士鄂尔泰的侄子、甘肃巡抚鄂昌。因为清乾隆二十年（1755 年）的时候被朝中的胡中藻案牵连，到了顾太清这一代，没有那么风光了。但是，她因为才华与美丽，遇到了白马王子——奕绘贝勒。

这奕绘贝勒，是大家熟悉的五阿哥永琪的孙子，就是电视剧《还珠格格》第三部中知画所生的绵亿的儿子（历史上绵亿之母为左都御史官保之女）。

历史上的五阿哥永琪二十五岁英年早逝。他不光像《还珠格格》中写的那样文武双全，精通骑射，其实还精于天文算法，所著《八线法》手卷，至为精密，即便放在当时的世界范围内都是非常高的水平，算得上是那个时代的顶尖青年。他精通多门语言，有汉语、满语、蒙古语，还著有《蕉桐幐稿》传世。他去世时，乾隆皇帝悲痛不已："其时朕视皇五子于诸子中更觉贵重，且汉文、满语、蒙古语、马步、骑射及算法等事，并皆娴习，颇属意于彼，而示明言，及复因病旋逝。"

他的《八线法》算法传子绵亿，再传孙奕绘，奕绘所著《本形篇》记其梗概。奕绘，和五阿哥一样，有童话中王子的魅力。除了贝勒的身份外，他还精通经学、小学，会西洋语言和科学知识，中外兼通、造诣深广。

这样的王子自然喜欢才貌双全、精神上门当户对之人，顾太清和奕绘相识相恋真的是拜女性的才华所赐。那时候，她是王府的家庭女塾师。顾太清三四岁时起祖母就教她识字，六七岁时学习诗书。才女和才子不同，她学习不为科考赴试，所以诗文更加性灵，腹有诗书又充满天真和活力，除了和纳兰性德并肩清代词坛双雄，还因为写了《红楼梦》续集，成为中国第一位女小说家。

如今隔世看去，顾太清好像颇有段驯的影子。

顾太清年轻时不仅貌美而且才气逼人，奕绘贝勒深深爱上了她，想要她为妻，但是顾太清罪臣之女的身份却是个非常大的阻碍。于是奕绘就想了办法，让顾太清逃过宗人府的追查，给顾太清一个新的身份，成为大臣顾文星的女儿。

顾太清新身份、新名字出来了，她不再用原来的名字西林觉罗春而是新名字顾太清了。这个名字还是她自己取的，因为奕绘的字是子章，号是太素，顾太清为了能和奕绘相匹配于是自取字子春，号太清，后世也都以太清称呼她。这么一个“秀恩爱”的情侣名就这么流传下来。

婚后没多久，奕绘贝勒的正妻妙华夫人就去世了，他没有再娶妻纳妾，而是专宠顾太清一人，顾太清为他生有四子三女。

二人的感情甚深，酬唱的作品数量之盛，是中国文学史上所罕见。

被一个人专宠那么多年，也许换了其他达官贵人家是稀奇，不过发生在爱新觉罗家倒是不稀奇。爱新觉罗家的男人常出深情人，出至情至性的情种，如海兰珠与皇太极、董鄂妃与顺治皇帝、赫舍里氏皇后与康熙皇帝、孝贤皇后与乾隆皇帝、喜塔氏皇后与嘉庆皇帝、孝全成皇后与道光皇帝等。甚至到近代，末代皇帝的弟弟溥杰也是深情人，他和嵯峨浩相伴的一生也是拍一部感人至深的爱情片的素材。

想来，顾太清绝对中意奕绘贝勒，不大可能像传闻所说和龚自珍有染。

这顾太清和龚自珍的绯闻到底如何来呢？

绯闻大多来自捕风捉影。

有种说法流传很广，说是奕绘贝勒去世第二年秋天，龚自珍的一首《己亥杂诗》就是二人交往的证据。这首诗是这么写的："空山徙倚倦游身，梦见城西阆苑春。一骑传笺朱邸晚，临风递与缟衣人。"

诗歌恍惚迷离，难见实凿，可是"一骑传笺朱邸晚，临风递与缟衣人"令人浮想联翩。诗后还附加小注：忆宣武门内太平湖之丁香花。

缟衣人是谁？大家纷纷猜测是顾太清，因为她常着一身素衣，又与龚自珍是诗友，据说龚自珍每有新作常常第一个拿给她看。太平湖，就在顾太清住处附近。湖畔有一片茂密的丁香树，花香袭人，龚自珍常流连其间。所以这段绯闻也叫作丁香花公案。

绯闻越传越夸张。再看"梦见城西阆苑春"这句，说的就是顾太清啊！她原来的名字不是顾太清，而是西林觉罗春。龚自珍梦见城西门苑春，大约就是还未改名还未嫁入王府的顾太清吧？这龚自珍借花喻人，想的是还没有启用情侣名的顾太清。

绯闻越来越多，龚自珍实在不会公关，还写了首《桂殿秋》：

其一——

明月外，净红尘。蓬莱幽窅四无邻。九霄一派银河水，流过红墙不见人。

其二——

惊觉后，月华浓。天风已度五更钟。此生欲问光明殿，知隔朱扃几万重。

平心而论，这两首词也许和顾太清无关。第一首是写景，明月在屋外的天上，地上屋内是无尘。天上的银河也如水一般，一片清净景象。到第二首，写忽然梦醒时分，此生欲问光明殿，是作者对天的问，对命运的问，可惜阻隔了“朱扃”几万重，所以感情凄迷而惆怅。如果说和那首我们熟悉的诗句“我劝天公重抖擞”一起看，也都是上下相连的情绪和疑问后的呐喊。

不过这些分析不重要，总之当年就是被当作流言蜚语，然后在传播过程中被煽风点火添油加醋，捕风捉影的事编造得有理有据，顿时，流言蜚语漫天飞。

顾太清百口莫辩，龚自珍也承受不了舆论的压力，辞职南行，还对外说是因为仕途凶险，不想再做官了，“不携眷属，独雇两车，以一车自载，一车载文集百卷，夷然傲然，愤而离京”。后来龚自珍在《己亥杂诗》中写下了那句“侥幸故人仍满眼，猖狂乞食过江淮”，就是在描写这段不堪回首的往事。离开京城的次年，龚自珍暴卒于江苏丹阳云阳书院，年仅四十九岁。死因也是众说纷纭，其中流传最广的说法是被奕绘之子载钧所杀，还有一说是死于权贵穆彰阿之手，还有说法是被青楼女子灵箫和小云毒死。总之就是，一代文豪龚自珍就这么莫名其妙地去世了。

顾太清的日子也不好过，被奕绘与正室之子，也就是奕绘去世后王府的新主人载钧所不容。她被逐出王府，带着仆妇在西城养马营租了几间民房，和儿女艰难度日。

艰难的日子里，她把孩子的教育当作重要事。这首诗记录了她当初被赶出王府的心情：

陋巷数椽屋，何异空谷情。

呜呜儿女啼，哀哀摇心旌。

几欲殉泉下，此身不敢轻。

贱妾岂自惜，为君教儿成。

中年丧夫已是不幸，还因“寡妇门前是非多”而被逐出王府。从王府到陋室，一下子不只是物质生活的落差，还有那躲不开的鄙夷和讥讽。生活的信心早已经失去，一死追夫，才是轻松痛快。可看着自己的儿女，只有忍辱耐贫地活下去。为了爱人，就应该把儿女教养好。

她和奕绘的后代也不辜负这位坚强的母亲。她的直系后人中有不少颇有成就，比如，爱新觉罗・恒煦（汉名：金光平），清末镇国公，中国研究女真文学的巨擘，研究契丹文和满文的著名学者。

金光平之子金启孮，清代著名词人顾太清的五世孙，为国内外著名女真文、满学、清史专家。

金启孮女儿金适为中国农业大学教授，业余时间致力于满学研究，成就满满。金启孮的学术著作都由她整理，她继承家学，尤着力于家族史的研究，重点为其六世祖母顾太清做著作和传记。

金启孮小女儿爱新觉罗・乌拉熙春也是著名史学家、语言学家，现在日本立命馆亚洲太平洋学部担任教授。

著名语言文字学家周有光先生在纪念金启孮先生的悼文中称道：“一门三代，三位大师，宏扬女真学和满学，使这一中华文化的瑰宝得到发扬光大，这是中华文化的光辉。”

这些子孙后代中多是做清静蹲冷板凳的学术工作，也许这种传承来自顾太清离开王府后的日子，她漫长的孤苦岁月中靠着吟诗作赋获得心灵的超脱。

顾太清，晚年苦尽甘来，托儿女的福重归王府。载钧去世没有留下儿女，顾太清的孙子继承了王府，她又享受了大概二十年的富贵和安宁后离世。

回到王府的晚年，她仍和诗书陪伴，倾力写了《红楼梦影》一书（为《红楼梦》续书），署名“云槎外史撰”。写小说，不像写诗歌，需要长时间的投入，她也因此成了中国历史上第一个女小说作家。

晚年她写了诗歌《悟》，无论富贵清贫，她的心早已经获得安静和超脱了。

一番磨炼一重关，悟到无生心自闲。

探得真源何所论，繁枝乱叶尽须删。

对于顾太清，不知道这生前一劫对于身后来说如何？也许并非坏事。虽然很无奈，可必须承认：有才的女人要死后传名，不能忘了传艳名。有艳名的女人的才华容易被重视，她的书她的作品也容易有人读。

到民国，《聂海花》等流行小说中有龚自珍顾太清的往事，把流言蜚语变成小说故事，艳名远播。无论是龚自珍还是顾太清的作品，似乎都因此获得更多人气。

龚自珍之死不知道是否真的和顾太清的绯闻有关，却的确因此而受人生劫难。想来一生虽都有优秀、厉害又不乏魅力的女人包围，命运也会给他一些劫难。

对于龚自珍，无论是顾太清还是归懋仪，想来有些段驯的影子。

后　记

诗词可以让我们窥见清代才子们，他们的诗词文章，他们的人生故事，给我们一个别处。书中这十二位才子，或者富贵，或者潦倒，或者真诚，或者伪装，他们写了那么多诗词，不知道内心是不是和我们现代人一样孤独呢?

我感谢几百年来的才子们，用一生的情感写下了宝贵的文字，与我对话。零零碎碎的对话，就写出了这一本书。

写作过程中，我也有过一些不安，一些痛快，一些悲悯，一些羡慕。

我有过不安，因为用了很多现代的词汇去描绘当初的才子，有些标题党，有些标签化。比如我试图努力地解释“凤凰男”没有那么贬义，可多少还是把这个现代语境的词汇强加给了清初吴梅村才子。写的时候，内心有些不安，最怕的不是书出版后的批评，而是怕无法真实还原。如果有所不安，我会对着大地和天空敬酒，希望吴才子原谅。如果梦里遇见，可以对话，我会告诉他我看着现在流行的话剧长大，喜欢廖一梅话剧那句“我从来不屑于做对的事情，在我年轻的时候，有勇气的时候”。可是吴才子你啊，就是那个内心太正确的人，循规蹈矩，没有勇气，最后多少也负了自己，还不如痛快一些。

我也有过痛快，比如我写钱谦益的时候。市面上的畅销书太偏向写柳如是，总把钱谦益当作配角，所以我要把钱谦益当主角写。因为钱谦益本身不需要罗曼史，也值得当一篇文章的主角，比如历史学大家吴晗的文章《社会贤达钱牧斋》。我看了钱谦益的文章，还有不少明史学者的研究文章后，为他拟了一个标题《无法归类的人》，写到他如何无法归类的那时候，我感到无比痛快和酣畅淋漓。

我也有过悲悯，当我写易顺鼎时，悲悯他是勇士却被说成羸弱。看他诗歌的调调，好像是身若浮萍体质羸弱还多愁善感，可是看他的行动却真正做到了“男儿何不带吴钩，收取关山五十州”。我到底应该可怜一个勇士因自己的文字被误读为羸弱，还是看到他柔肠的一面呢？不知道易才子多年后更希望自己被如何解读？

更多的时候，我是羡慕的，特别是当我写孙原湘、龚鼎孳和沈德潜的时候。写龚鼎孳的时候，我羡慕更多的是顾横波而非龚鼎孳本人。遇到这样的一个男子，应该是顾横波一生的幸运。写孙原湘的时候，我很无奈地发现，无论古今，很多人不过是搭伙过日子，可他却那么幸运，拥有美好的性、爱情和婚姻。写沈德潜的时候，我羡慕他遇见青年乾隆皇帝的这段际遇，乾隆皇帝也因为有这个朋友，显得可爱了许多。

看才子的故事，写才子的人物稿，总是有这么多感性情感，当然也有写不动的时候，也有质疑自我的时候，我夹叙夹议的感受是否过于自我？没法像学术写作那样客观和成熟，也没有足够的感性让我像抒情文一样写得那么纯真和不羁，总之，我在夹缝里寻求表达。

这几个月来，我慢慢去写这一本书，终于写完了。

我在这里要感谢这本书里提及的所有才子，无论是标题上的十二位，还是里面穿插的配角。你们是这三四百年来美丽诗文的写作者，是清代汉字优美排列组合体的创造者，是三四百年间的时代记录者。也感谢为这些才子诗文收集整理的先辈们，没有你们，我们现代人无法看到这些美丽的诗文。

感谢本书出版过程中所有帮助过我的人。这套书让我有一个地方写出我对才子们零零碎碎的理解。

参考资料

［1］冯其庸，叶君远．吴梅村年谱［M］．北京：文化艺术出版社，2007.

［2］吴伟业，李学颖．吴梅村全集［M］．上海：上海古籍出版社，1990.

［3］龚鼎孳，孙克强，袁喆．龚鼎孳全集［M］．北京：人民文学出版社，2015.

［4］王鐘翰．清史列传［M］．北京：中华书局，1987.

［5］赵尔巽．清史稿［M］．北京：中华书局，1977.

［6］钱谦益．钱牧斋全集［M］．上海：上海古籍出版社，2003.

［7］陈寅恪．柳如是别传［M］．北京：三联书店，2001.

［8］吴晗．吴晗全集［M］．北京：中国人民大学出版社，2009.

［9］谢国桢．明清之际党社运动考［M］．北京：北京出版社，2014.

［10］朱彝尊．朱彝尊词集［M］．杭州：浙江古籍出版社，2012.

［11］叶嘉莹．论朱彝尊静志居中之爱情词所表现的美感品质［J］．九州学报，1998，6（2）.

［12］纳兰性德．纳兰词笺注［M］．北京：北京出版社，1996.

［13］李渔．李渔全集［M］．杭州：浙江古籍出版社，2014.

［14］袁枚．袁枚全集［M］．南京：江苏古籍出版社，1993.

［15］郑幸．袁枚年谱新编［M］．上海：上海古籍出版社，2011.

［16］沈德潜．沈归愚诗文全集［M］．清乾隆刻本.

［17］孙原湘．天真阁集［M］．清嘉庆五年刻增修本.

［18］孙原湘．天真阁艳体诗［M］．雷瑨，评点．台北：新文丰出版公司，1980.

［19］席佩兰．长真阁集［M］．光绪十七年刻本

［20］席佩兰．长真阁艳体诗［M］．民国二十四年十二月本

［21］包天笑．钏影楼回忆录［M］．上海：上海三联书店，2014.

［22］范志鹏．易顺鼎年谱长编［D］．上海：华东师范大学，2013.

［23］蒋春霖，冯其庸．蒋鹿潭年谱考略，水云楼诗词辑校

[M]. 济南：齐鲁书社，1986.

[24] 郭延礼.龚自珍年谱[M]. 济南：齐鲁书社，1987.

[25] 龚自珍. 龚自珍全集[M]. 上海：上海古籍出版社,1999.